EL CUIDADO DE LOS PERROS

Edita: **EDICIONES MASTERS**
28019 MADRID (Spain)
edicionesmasters@gmail.com
www.edicionesmasters.com

EL CUIDADO DE LOS PERROS

EL MEJOR AMIGO DEL HOMBRE

Todos tenemos nuestra propia definición sobre lo que es el "perro ideal". Podría ser un Pastor alemán o un perro Policía, aunque para algunos, sin embargo, es el Sabueso que trepa encima del equipaje en el aeropuerto y es capaz de encontrar el contrabando oculto. Quizá es, también, el chucho común, cruzado sabe Dios con quién, pero que ha sido entrenado para ayudar a su dueño cuando está en peligro, para atender al bebé que está llorando, o ladrar cuando alguien extraño llega a la puerta.

¿Existe verdaderamente una diferencia entre estos perros? A pesar de sus diferencias, ellos son todos perros útiles al hombre, animales que pueden aportar su propio trabajo y compañía, en ocasiones mejor que otro ser humano.

Desde que el Hombre notó que el perro podía correr más rápidamente que él, oír mejor, morder más fuerte, y seguir un sendero invisible pero lleno de olor, el perro ha encontrado una gran variedad de trabajos para desempeñar, tan dispares como el Sabueso que encuentra a un niño perdido, o como el Corgi que reúne a un gran rebaño de ovejas.

Aquellos que defienden que "ningún perro debe explotarse para nuestro propio uso...", deberían meditar antes sus palabras y ver la cara de felicidad de los perros cuando se saben útiles a su amo y el placer que sienten cuando su misión en la vida es algo más que comer, dormir y aburrirse. El perro no es diferente al ser humano en lo esencial y también necesita trabajar, ejercitar sus habilidades y ser aplaudido por ellas, lo que le incita a aprender un poco más cada día. No es una relación de "Sirviente a su Amo", sino el sentido exacto de lo que entendemos como "Sociedad", en este caso formada por humanos y animales. Estas referencias son las que hacen que los perros realmente se hayan ganado el título de "el mejor amigo del hombre", y amigo no es lo mismo que lacayo o esclavo.

Hoy, aunque el perro es uno de los animales domésticos más habituales en las casas, lo que ellos hacen, y en ocasiones por qué lo hacen es, para la mayoría de las personas, un misterio. El perro que es capaz de cerrar una puerta que no debe estar abierta, que permanece horas y horas esperando el regreso de su amo sin protestar, lo mismo que aquél que recibe alborozado a todos los miembros de la familia, incluso aquellos a quienes hace meses no había visto es, ante todo, un ser tan complejo emocionalmente como el ser humano.

Pero al perro no se le permite ser justo; solamente ha de ser obediente. La sociedad moderna lo requiere, y si usted tiene un perro, su seguridad y tranquilidad personal lo exige así. Debe entrenarle para convertirle en un miembro disciplinado y eficaz en su casa, puesto que en caso contrario nadie disfrutará de su presencia. Afortunadamente, educar a un perro lleva menos trabajo que hacerlo con un humano y, además, una vez aprendida la lección ya no la olvida nunca.

CAPÍTULO 1

HISTORIA DEL PERRO

Si los orígenes del hombre son aún confusos y cada nuevo descubrimiento desmiente las conclusiones anteriores, respecto al perro la confusión es aún mayor. Algunos hallazgos nos hablan de unos animales que podrían ser similares a los perros actuales, que se desarrollaron al mismo tiempo que los primeros primates y que se han denominado como Cynodesmus. De ese animal, y después de una larga evolución, derivó un tipo de lobo al que llamaron Tomarctus y que pudiera ser el que diera origen a todos los cánidos que aún conocemos hoy.

El perro pertenece al género Canis, uno de los diez géneros de la familia Canidae y en la cual están incluidos los lobos, chacales y coyotes, todos ellos muy similares al perro doméstico. En este grupo hay otra gran cantidad de animales que también tienen puntos en común, como son el zorro, el mapache o el perro salvaje africano. Todos ellos son estupendos depredadores y eficaces cazadores, aunque ninguno ha conseguido adaptarse a la vida y costumbres de los humanos.

No existen datos fidedignos que nos expliquen el origen de cada raza de perro conocida hoy, pero teniendo en cuenta su tamaño y comportamiento, así como el lugar de procedencia, se ha podido establecer la siguiente clasificación:

- El lobo norteamericano se cruzó con los lobos de China que pasaron el estrecho de Bering y ambos dieron origen al Eskimo dog y al Alaskan malamute.
- Por su parte, el lobo asiático pudo cruzarse con los lobos del norte de la India y del Tíbet, originando el Chow-Chow y el Pekinés, e incluso al Toy Spaniels.
- La gran difusión geográfica de los lobos asiáticos por la India, Persia y Oriente Medio, produjo probablemente al

Dingo, los Mastines y los Lebreles. De este último nacieron el Afgano, el Saluki, el Deerhound y el Borzoi. El Mastín, por su parte, dio origen al Bulldog, Carlino, Terranova, San Bernardo, Dogo alemán, y al Sabueso de San Humberto.

• Respecto al lobo europeo es posible que engendrara al Perro pastor, al Terrier y al Spitz.

• Finalmente, el Perro pastor europeo es el antepasado del Spaniels.

Por eso, la creencia de que en realidad el perro es una evolución del lobo se confirma cuando se han encontrado algunas pruebas que sitúan al primer lobo domesticado por el hombre hace 12.000 años. Por motivos poco claros, en esa época, tanto el lobo, como el perro, estaban ya ampliamente difundidos por todo el planeta y se han encontrado restos de ellos en América, Europa y Asia. Lo que nadie nos ha conseguido explicar es la razón para esa amistad entre perro y humano que aún perdura hoy en día y que no existe con ninguna otra raza, ni siquiera con los simios, nuestros primos hermanos.

Que los historiadores nos hablen de Rómulo y Remo, dos bebés humanos criados parecen ser por una loba, nos indica que debe existir un lazo de unión entre el ser humano y el perro imposible de precisar o cuantificar, pero que permanece sólido como hace miles de años.

Indudablemente, hay aspectos en nuestro comportamiento que nos hace similares, aunque también los hay con los simios y nunca hemos conseguido ese mismo lazo de unión. Los perros y aún más los lobos, éstos últimos incomprensiblemente eternos enemigos del hombre, organizan su vida de manera similar a la nuestra, especialmente en su concepto de territorialidad.

Al igual que nosotros buscamos tener nuestra vivienda, inviolable para el prójimo, y la defendemos frecuentemente con violencia, los cánidos tienen en su genética emocional el mismo sentimiento intenso.

Hay igualmente otros muchos aspectos de similitud: el lobo suele vivir con la hembra y ambos cuidan a sus cachorros arriesgando su vida para protegerles. También, todos los clanes organizan sus cacerías, la búsqueda de la comida diaria, y cuando tienen que efectuar un ataque están perfectamente organizados. Tienen su propio jefe, no necesariamente al más joven sino el más sabio y con experiencia, y aunque el primero en probar bocado es el jefe, nadie pasa hambre. Vean, pues, la similitud con nuestros banquetes sociales en los cuales el anfitrión es el primero que comienza a comer.

Pero, ¿cuándo aparecen los perros como compañeros nuestros y perdemos el interés por los lobos? Y aún más: ¿cuál es la razón para que tengamos una convivencia tan sólida y pacífica con los perros y no hayamos conseguido nunca nada similar con los lobos? Si es cierto que el perro es un descendiente domesticado de los lobos, en algún momento tuvieron que ponerse de acuerdo hombre y lobo para no pelear entre ellos e intercambiar regalos, por decirlo de algún modo. Para el hombre era fácil, puesto que disponía de mayores habilidades e inteligencia para conseguir comida, adaptarse al clima y construirse casas sólidas. Por eso hay quien afirma que los seres humanos se limitaron a darle las sobras de sus comidas y poco a poco se ganaron su confianza. Desde el primer día en que, además de comida, compartieron vivienda, el lobo empezó a domesticarse y a proteger ya a su amo. Cualquiera que entrase en su vivienda era un intruso que debía ser expulsado y quién mejor que un lobo, domesticado pero igualmente poderoso, para hacerlo. De ahí a salir a cazar unidos ya solamente había un paso, que obviamente dieron juntos.

Ya parece cierto que el perro actual es un lobo amaestrado, aunque no tenemos muy clara la razón por la cual existen tantas razas de perros, tantos tamaños y colores, cuando lógicamente todos deberían ser similares al lobo. Muy posiblemente, los primeros cruces se hicieron, fortuita o deliberadamente, entre lobos y otros animales. Después todo ha sido más sencillo y los perros se hicieron más dóciles gracias a su contacto con el hombre, mientras que los lobos permanecieron salvajes precisamente por conservar su independencia. Este mismo ejemplo de mutación animal, precisamente por permanecer unidos al ser humano, lo tenemos igualmente en el gato y el caballo.

Hay un dato que confirma la posibilidad de que el perro sea un lobo domesticado y es que ambos conservan hábitos similares, como el aullar o mover el rabo, además de enseñar los dientes a su enemigo, marcar con olores su territorio, ser víctimas de las mismas enfermedades y poner el rabo entre las piernas cuando están asustados. Pero hoy día, por razones extrañas, seguimos sin poder domesticar plenamente a los lobos y hacerlos pacíficos.

CAPÍTULO 2

DECLARACIÓN UNIVERSAL DE LOS DERECHOS DE LOS ANIMALES

El texto definitivo de la Declaración Universal de los Derechos del Animal fue adoptado por la Liga Internacional de los Derechos del Animal y por las Ligas Nacionales afiliadas después de la 3ª Reunión sobre los derechos del animal, celebrada en Londres del 21 al 27 de septiembre de 1977. La declaración proclamada el 15 de octubre de 1978 por la Liga Internacional, las Ligas Nacionales y por las personas físicas que se asocien a ellas, fue aprobada por la Organización de las Naciones Unidas para la Educación, la Ciencia y la Cultura (UNESCO) y posteriormente por la Organización de la Naciones Unidas (ONU).

EL PERRO, ALGO MÁS QUE UNA AYUDA EN EL TRABAJO

La historia es rica en mostrarnos esa simbiosis entre perros y humanos, aunque básicamente la hemos centrado en su labor como guardián y como ayuda para la caza. También se le emplea como eficaz trabajador y en ocasiones como alimento exquisito, pero en estas dos últimas utilidades no todo el mundo está de acuerdo. Los egipcios, por ejemplo, a quien maltrataba o mataba a un perro podía ser reo de muerte, algo que también asumían los persas, tan convencidos estaban de la gran utilidad del perro como guardián de ganados y protector del hombre. Los griegos, por su parte, aficionados a crearse dioses y divinidades, estaban convencidos de que el perro había sido creado por el dios Hefesto, creador del fuego y la forja, y por eso condenaban severamente a quienes les hicieran daño.

Otros, más extrañamente, mataban al perro cuando moría el amo, no sabemos si para que le acompañase también en la otra vida o porque no querían encargarse del animal. Contradictoriamente, los hebreos nunca consideraron al perro como un animal con virtudes especiales y los chinos preferían utilizarlo como manjar.

Quienes se interesaron vivamente por el perro fueron Aristóteles y Ovidio, pensadores profundos ellos, ambos a través de sus escritos que sirvieron de guía para el buen cuidado de estos animales, aunque de poco sirvieron cuando la decadencia del Imperio Romano convirtió al perro en un vagabundo de exterminación obligada. Desde entonces y hasta la Edad Media, no tuvieron una vida fácil estos animales, considerados como engendros del diablo por algunos y pasatiempo cruel para otros. Paradójicamente fueron los religiosos, los mismos que antes les habían marginado, quienes les comenzaron a cuidar en los conventos, a clasificar las razas y a realizar cruces con un poco de sentido común.

De esa época conservamos numerosos cuadros y dibujos de perros acompañando al hombre en sus cacerías y hasta Marco Polo nos habla de su utilidad como ejército en las guerras. Posiblemente ese guerrero llamado Gran Khan fue el creador de unidades especiales de perros asesinos, haciéndoles comer carne cruda rebosante en sangre, idea copiada por Isabel I y parece ser por los españoles durante nuestra colonización de América.

Un poco más tarde, en el siglo XVII, el perro sufrió, o disfrutó, de dos caminos diferentes: fue objeto de lujo para la aristocracia y eficaz trabajador sin sueldo para el pueblo. A esa dualidad debemos la mayoría de las razas actuales, con perros pequeños y ciertamente hermosos, por un lado, y robustos y agresivos por otro.

Pronto se organizaron exposiciones caninas y paralelamente salieron los defensores de los derechos humanos, quienes alegaron que era indigno cuidar a un perro mientras existían tantas personas pasando hambre. Afortunadamente hubo personas que buscaron la concordia y recordaron que la Naturaleza es un lugar en el cual viven millones de especies, todas poseedoras del mismo derecho a la vida y la felicidad.

EL DEPREDADOR HUMANO

Nuestro ya fenecido siglo XX ha seguido manteniendo esa divergencia entre los amigos de los perros y quienes consideran a los animales como "algo" a su servicio, y por eso en época de guerra los perros sirvieron como alimento a una población hambrienta, mientras otros eran utilizados como bombas vivientes. El perro, por su parte, mucho más fiel al ser humano, era capaz de permanecer al lado de un hombre enfermo sin esperar ni siquiera comida, o dar la vida por defenderle de sus agresores. Su nobleza, valentía y fidelidad no declinó nunca, ni cuando había abundancia de comida y cuidados, ni cuando su amo la emprendía a patadas con él sin motivo.

Tampoco se escapan a esa crueldad los científicos, especialmente aquellos que creen que el hombre es el ser supremo y que por ello tienen derecho a torturar y mutilar a los animales para sus experimentos. Esas personas cuentan con toda clase de protección legal para hacer daño a los animales, perros incluidos, y mientras que alguien cuando golpea un perro en la calle puede ser sancionado por la ley, ellos disponen de toda clase de apoyo y dinero para matarles dentro de la impunidad que les proporciona un laboratorio. Afortunadamente y aunque las leyes les protejan, no se escapan ya de las críticas y la repulsa de un sector cada vez más amplio de la población, y sus nombres al menos no pueden ya pasar a la historia como benefactores.

SENTIMIENTOS CANINOS

No se fíe de quien maltrata o desprecia a los animales, ni de quien alega que no tienen sentimientos igual que los humanos. Con seguridad, la maldad forma parte de sus sentimientos habituales y es mejor prescindir de su amistad.

El hecho de que no podamos comunicarnos eficazmente con los perros y que no expresen sus emociones del mismo modo que nosotros, no implica que no puedan sentir con la misma intensidad el miedo, la alegría o el dolor. Todos los seres vivos están sujetos a las mismas leyes biológicas y las únicas diferencias radican en el modo de manifestarlas, perfectamente comprensibles para los de su misma especie, pero poco claras para nuestro corto entender.

Se dice que el perro no recuerda los hechos como nosotros y que si lo consigue apenas permanecen unas horas en su cerebro, pero su memoria asociativa es tremendamente práctica y rápida. No se cuestiona lo que ve u oye, no lo analiza, pero lo relaciona rápidamente con situaciones anteriores y puede recordar con mayor facilidad personas y situaciones del pasado. Su sentido del olfato, por ejemplo, es el mejor camino para que llegue a su cerebro, a su memoria, todo su pasado de manera instantánea, siendo capaz de acordarse bruscamente de un bebé humano que ahora tiene ya veinte años, simplemente con oler un juguete destartalado.

El perro es un animal inmensamente sociable y con deseos de vivir en comunidad, pero exclusivamente con los suyos.

Es muy posesivo de su territorio y no gusta de visitar o confraternizar con el resto del mundo, siendo esta la causa para que sea tan feliz durante toda su existencia en su hábitat, en su territorio. No se siente feliz explorando nuevos mundos, ni mucho menos cambiando de amo. Por eso, el mayor disgusto que podemos darle es abandonarle, no tanto por el miedo a no disponer de comida, como por la soledad que le embarga. Tenía toda su vida centrada en su amo, en su habitual lugar para dormir y comer, y cuando lo pierde acaba desequilibrado mentalmente.

Espíritu de sacrificio

A diferencia de otros animales domésticos, como el caballo o el gato, el perro gusta y es feliz participando en la vida de sus amos, ayudándole y compartiendo sus alegrías y dolores. No le preocupa permanecer horas y horas velando el sueño de un enfermo, ni le causa gran malestar no poder comer si le dejan abandonado. Es capaz de soportar los palos y los malos modos de su amo, solamente quejándose tristemente, mientras que se revolvería furioso ante el ataque fugaz de un extraño.

Imperturbable y paciente ante las diabluras de los niños, puede llegar, no obstante, a sentir celos de ellos si su amo no se comporta con delicadeza. Una vez que el bebé humano crece la relación con el perro se restablece, puesto que ya no es un rival, sino un compañero de juegos.

El perro necesita besar a su amo mediante sus lamidos en la cara, lo mismo que busca ser acariciado y estrechado frecuentemente. Es sensible al mal trato y al desprecio, respondiendo a ello con el abatimiento y dejando de comer, del mismo modo que es capaz de reír, moviendo intensamente su cola, cuando le vuelven a otorgar un mínimo de cariño. Poco rencoroso y sumamente agradecido con cualquier detalle, puede recuperar en unos minutos la alegría perdida durante años, siempre y cuando perciba que el carácter de su amo es amigable realmente, nunca fingido.

Su lenguaje

Hay personas que afirman rotundamente que los perros no hablan, alegando que no emplean el mismo lenguaje verbal y sofisticado que nosotros, olvidando que nuestros antepasados más remotos posiblemente empleaban un sistema fonético muy similar al de los perros o al de los monos. Si nosotros, vanidosos humanos, no entendemos el lenguaje de los perros es porque no somos tan inteligentes como creemos, puesto que ellos son capaces de entendernos sin problemas, aunque no sepamos ladrar correctamente.

Los perros se comunican entre sí habitualmente y en ocasiones saben ignorarse, del mismo modo que lo hacen las personas cuando escuchan una palabrota de alguien despreciable. Pueden permanecer cerca de otros perros sin inmutarse, mientras que se abalanzarían bruscamente sobre alguien que molestara a su amo. Su capacidad de reacción, por tanto, no es tan instintiva como pensamos y en ocasiones se muestran como muy racionales y selectivos.

Debemos ser capaces de entender su lenguaje, no tratando exclusivamente que ellos nos entiendan a nosotros. Un perro expresará su preocupación y miedo con las orejas bajas, mientras que unas orejas tiesas indican que algo le llama la atención. Si las pone hacia delante es que presiente el peligro y está dispuesto a la lucha, y cuando simultáneamente enseña los dientes y tensa todos sus músculos, probablemente su ataque está próximo.

Todo el mundo sabe que cuando mueve la cola está alegre, pero también que puede dejar de moverla bruscamente y pasar a tensarla, señal inequívoca que está dispuesto a la pelea. Una cola que se mueve es buena señal, mientras que si está quieta, aunque no exprese otra emoción, es que está nervioso o que calibra sus posibilidades de éxito. Buen guerrero y estratega, sabe cuándo tiene posibilidades de éxito en una pelea, aunque abandona toda precaución aún a costa de su muerte cuando ve a su amo en peligro. Como un padre que sacrifica su vida por su hijo sin dudarlo, así se comporta el perro con sus amos y lo mismo hace con sus crías.

También sabemos que "poner el rabo entre las piernas" es señal de miedo y que elevar el labio superior indica agresividad. Otra señal de raciocinio o de supervivencia es cuando se tumba sobre su lomo pasivamente en señal de debilidad, buscando la compasión en su enemigo, lo que con frecuencia le lleva a encontrar un nuevo aliado.

Marcar su territorio

No nos debe desesperar que un perro recién traído a casa se ponga a orinar en cualquier lugar, puesto que está delimitando su territorio cuanto antes. No lo hacen esencialmente porque tengan ganas de evacuar, sino porque quieren evitar que otros de su misma especie invadan su espacio vital. Incluso cuando le llevamos a realizar sus necesidades en la calle buscan con el olor un lugar aún sin dueño, incluso en un reducto minúsculo. Siempre encontrarán un pequeño espacio que considerarán suyo y allí les tendremos que llevar habitualmente. Por eso es peligroso acercarse a un perro que duerme o descansa en su lugar habitual. Si tenemos que intentar una aproximación, hagámoslo primero cuando esté paseando o alejado de su vivienda.

Son como niños

Respecto al juego, habrá que recordar que es una parte esencial en la vida afectiva y corporal del perro. Necesitan correr detrás de una mariposa o un pájaro, detrás de su amo o en ocasiones tras los coches. Curiosamente, en la medida en que el perro es más eficaz más necesita jugar, puesto que los perros débiles deben permanecer siempre alertas para ponerse a salvo. Un perro que no juega será un mal cazador y un mal guardián, por lo que debemos proporcionarle sus propios juguetes para que los emplee cuando nosotros no podamos atenderle. Esos juguetes los llevaremos incluso cuando salgamos de viaje, excluyendo las pelotas pequeñas o los objetos punzantes. No cometamos la equivocación de lavarlos con agua y jabón, puesto que el olor les sirve también para que les coja cariño e identificarlos.

CAPÍTULO 3

COMPRAR UN PERRO

Antes de que usted compre un perro hay algunas preguntas para considerar su deseo. Una de las más importantes es: *¿tengo bastante tiempo?* Un cachorro exige al dueño una gran atención durante su crecimiento si quiere tener luego un buen perro, aunque ello no excluye que no se les deba prestar atención cuando son adultos. Los perros necesitan comida y agua fresca diariamente, además de jugar con sus amos y hacer ejercicio.

Otras preguntas son: *¿tengo bastante espacio?* Un Gran Danés metido en un apartamento no estará muy contento si no puede correr por los jardines de los alrededores.

¿Tengo bastante paciencia? Si usted quiere un perro bien educado necesitará tener mucha paciencia con él, puesto que un perro especializado no llega por naturaleza. Pero aun cuando usted no haya conseguido entrenarle completamente, su perro necesitará efectuar paseos diarios y en esos momentos tendrá que vigilarle mucho, especialmente cuando haga sus necesidades.

¿Tengo bastante dinero? Posiblemente pueda tener suficiente dinero para comprar el perro, pero sepa que necesitará dinero extra para las facturas del veterinario, la comida, los cosméticos,

las correas, y todo lo que suele comprarse para que su perro permanezca feliz y saludable. Si usted ha conseguido responder afirmativamente a la mayoría de estas preguntas, probablemente puede tener y guardar un perro feliz.

Luego tendrá que encontrar un lugar para comprar su perro. Mucha gente prefiere buscarlo en la Sociedad Protectora de Animales, allí donde abandonan a sus mascotas quienes ya no pueden atenderlos, pero si es así procure informarse muy bien quién tuvo al perro y sobre su estado de salud. También puede comprarlo en una tienda especializada, un lugar en el cual encontrará animales perfectos e incluso con pedigrí, lo que es una ventaja pues seguramente tendrán ya una ficha del animal.
Por último, no se olvide de esos perros maltratados por todos, que vagabundean por las calles buscando una mano amiga, o de aquellos a quienes sus amos han decidido sacrificar llevándolos a las perreras. Todos ellos pueden ocupar un lugar en su corazón con la misma facilidad que un perro que haya tenido la suerte de ser atendido correctamente desde su nacimiento.

Si se decide por comprarlo a un criador de confianza, seguramente el perro será un buen ejemplar. Incluso allí le podrán mostrar o hablar sobre quiénes eran sus padres, puesto que en el caso de que se nieguen a ello usted pensará que existe algún problema.
Pero una vez que tenga decidido dónde comprar a su cachorro tendrá que considerar qué tipo de perro necesita. Si vive en un apartamento o una casa pequeña posiblemente necesitará un perro pequeño, como un Corgi galés, un Pequinés, o un Chihuahua, a no ser que pueda sacarle a pasear sin problemas todos los días a un campo. Si el apartamento está dentro de la ciudad necesitará un patio cercado o una terraza para que disponga allí de su territorio y un mínimo de espacio para moverse sin romperle nada. Tenga cuidado con la posibilidad de que su perro ladre mucho y con frecuencia, puesto que posiblemente tenga problemas con los vecinos. Usted ha

decidido tener un perro en su casa, pero sus vecinos no, así que no les haga sufrir las consecuencias de sus actos.

VIAJAR CON SU PERRO

Casi todos nos encontramos algún día con este problema: *¿qué hacer con el perro cuando salimos de vacaciones?*

Primero tendrá que decidir si puede o quiere llevárselo con usted antes de adquirir su perro. Si su perro no es muy sociable, no está bien domesticado, o no es apto para estar alrededor de las muchedumbres, es mejor dejarlo en casa, con un amigo, o en una perrera. Si no lo hace, posiblemente usted y su perro pueden tener serios problemas en las vacaciones.

Una vez que ya ha resuelto llevárselo, prepare las maletas de ambos. Llévese una gran bolsa para su perro en la cual necesitará llevar comida y su vasija habitual, además de un recipiente para el agua que no se abra fortuitamente, la correa, el bozal, sus juguetes y otros detalles habituales.

También deberá asegurarse que su perro ya está acostumbrado a montar en un vehículo y para eso le debe haber acostumbrado antes. Un viaje muy largo en el asiento trasero es con frecuencia el mejor lugar para el mareo y los nervios, tanto en los animales como en las personas. Pida en la farmacia algunas pastillas para el mareo o diríjase a la clínica veterinaria más cercana donde le orientarán. Si, aún así, el perro se marea, deberá parar y dejar que se recupere, evitando posteriormente viajar muy rápido o al menos procure llevar alguna ventanilla un poco abierta.

No se olvide de llevar suficiente comida para las primeras horas, puesto que es posible que no la encuentre rápidamente en su lugar de destino.

Importante: Siempre que haga un alto en el camino, saque su perro con usted. ¡Nunca deje a su perro solo en el automóvil! Su perro podría herirse tratando de salir a través de las ventanas. Tampoco es humano dejarle a pleno sol dentro del coche mientras usted toma plácidamente un refresco. A su perro, con seguridad, le gustará tener la oportunidad para estirar también sus patas.

Gradualmente, en la misma medida en que se prolongue el viaje, aumente el tiempo entre las paradas y saque a pasear a su perro para hacerle más soportable el viaje.

Siempre asegúrese que lleva en el cuello el collar con la identificación y su número de teléfono por si acaso se pierde en el viaje. Sin éstos, las oportunidades para recuperar a su perro perdido son prácticamente nulas. Aunque el animal sea un hábil rastreador, si se encuentra perdido en un lugar extraño a cientos de kilómetros de su casa le será imposible retornar.

Recuerde:

• 	Si piensa alojarse en hoteles, consulte las listas de los que admiten animales de compañía.
• 	Aproveche para hacerle una revisión antes de partir y llévese el último certificado de vacunación, y si su destino es

el extranjero, consulte los requisitos de entrada en el consulado o embajada del país.

• Es conveniente un baño, cepillado y corte de uñas antes de partir.

• Su animal debe ir perfectamente identificado, debe llevar el nombre en el collar y el teléfono del propietario. El microchip es la mejor medida para evitar que lo roben.

CAPÍTULO 4

COMO AMAESTRAR UN PERRO

Aunque los métodos de entrenamiento varían, algunos de estos consejos le ayudarán a empezar.

Primera advertencia: al perro se le hace obediente, no nace ya obediente.

Sin embargo, algunas razas pueden ser más dóciles, aunque ello no quiere decir que sepa obedecer sin un adiestramiento. Ante todo debe entrenarle para convertirle en un miembro más de la familia, casi con los mismos privilegios y obligaciones. Por ello, y al igual que ocurre con los niños, el carácter del perro será un fiel reflejo del de su amo. Los amos agresivos generan perros agresivos y las familias que gustan de pelearse todos los días desequilibran el carácter de los perros.

Tenga en cuenta que si los miembros de ese hogar discuten y se pelean, el perro no sabrá a quién defender y le volverán loco en pocas semanas. Del mismo modo que los padres nunca deberían pelearse delante de los hijos, evite discutir delante del perro y mucho menos liarse a golpes.

Si se comporta usted bien, cualquier perro puede recoger los beneficios de su ejemplo y conseguirá que tenga una obediencia básica. Se quedará asombrando sobre lo que puede lograrse con su perro dedicándole solamente quince minutos al día. Es una responsabilidad, ya lo sabemos, pero vale la pena.

¿SE DEBE CASTIGAR A UN PERRO?

Qué fácil es castigar a un perro, ¿verdad? Simplemente usted le da un golpe, le grita para intimidarle y pronto el animal se refugia en un rincón con el rabo entre las piernas. Tan grandote y fiero era unos segundos antes y ahora ya le tiene usted atemorizado. Seguramente se sentirá orgulloso de su poder, del mismo modo que se sienten muy poderosos los padres que pegan a sus hijos. Pero no sea cretino y no se comporte como un imbécil. Nada hay más gratificante en la vida que ser bondadoso, paciente y comprensivo con los animales, especialmente con aquellos que todo lo dan y apenas nada nos pide, salvo compañía y cariño.

Hay una gran diferencia entre castigar a su perro y corregir un error que él ha hecho. Castigar a un perro le hace sentirse mal al animal y pensar que ha sido un perro malo. Le hace ponerse avergonzado y muy triste. Pronto estará compungido, desmoralizado, e intentará encontrar la manera de ir alrededor suyo en busca de una aprobación. El castigo sin palabras y con golpes, le lleva a una oscuridad profunda. No es útil para su entrenamiento.

Usted debe encontrar un modo para corregirle y cada corrección debe ser específica para cada problema. En ocasiones lleva bastante tiempo hacerle cambiar su conducta, pero cuando lo consiga parecerá que nunca haya existido. El perro siente entonces que él ha sido básicamente bueno y que ha cometido un error y, especialmente, que a usted no le gustan los errores. Por consiguiente, es probable que intente cambiar su conducta, agradarle y hacer su vida más feliz. Ese es su mayor premio.

NO SEA MUY SEVERO CON LA EDUCACIÓN

Habitualmente, realizar correcciones suele ser suficiente para conseguir el resultado que usted quiere y no necesitará nada más, aunque tendrá que efectuarlas con paciencia. Por ejemplo, con un perro tímido y humilde podría decirle simplemente con un tono cansado: *"¡Eso que has hecho es asqueroso, no me gusta!"*. Este perro se corregiría para no volver a realizar lo mismo, al menos durante un periodo más o menos largo. Pero con un perro más fuerte, o uno muy terco, seguramente esa corrección apacible no funcionará.

Después que usted lo haya probado una vez, el perro seguramente volverá a hacer lo mismo y si lo mismo es mojarle el suelo seguramente usted se enfadará mucho. En ese momento es cuando puede aumentar la cantidad del correctivo e incluso la calidad, y le dará un golpe en el muslo con su mano, pegando su nariz en la mancha húmeda, diciendo: *"¡perro malo!"*. Pero en ambos casos, y sin importar lo intensas que hayan sido sus palabras, usted debe cesar su corrección justo en ese momento. Es decir, cuando piense que su perro ha entendido sus intenciones, debe actuar como si nada hubiera pasado. Bueno, puede insistir un poco, ahora con mucha amabilidad, explicándole que mojar el suelo no está bien y hasta le puede llevar al sitio idóneo para esos menesteres, suponiendo que disponga de un césped.

Use este mismo sistema de corrección en todo el trabajo con su perro. Emplee simplemente la necesaria insistencia para que realice el trabajo, ninguna más y deje de insistir cuando perciba que lo ha entendido, aunque sea momentáneamente. El secreto de la educación de un perro es emplear los menos castigos posibles para conseguir que se comporte adecuadamente.

SEA CARIÑOSO, CASI TANTO COMO SU PERRO LO ES CON USTED

Cuando usted abraza sólidamente a su perro, poniendo sus brazos alrededor de su pecho o cuello, le está proporcionando un sentimiento de seguridad y aprecio hacia él. Así como las personas se sienten orgullosas en el trabajo o la escuela cuando hacen algo bien y por ello reciben una alabanza, o cuando reciben una felicitación o beso inesperado, los abrazos satisfacen una necesidad en los perros. A ellos les gusta percibir que su amo se siente orgulloso por su comportamiento, así como por su simple presencia.

Usted debe demostrarle que están unidos y para demostrárselo nada mejor que abrazarle. Puede unir el abrazo con una alabanza verbal cuando hace algo especialmente bien, como coger la pelota y devolvérsela, o cuando permanece apoyado entre dos patas babeando feliz. Emplee algo de su tiempo para hablar con su perro y dígale frases como: *"eres un gran perro, y me alegro que estés conmigo"*. Las palabras sirven para tenerle contento, pero un abrazo a su cuerpo va más allá y llega a rincones de su mente mucho más profundos.

Ojo, no abrace a ningún perro que esté traumatizado por su dueño o que se asuste con facilidad, puesto que le podría morder. Para esta situación, el entrenamiento es necesario si quiere quitarle las causas de su miedo y agresividad. Posteriormente, estos perros también serán candidatos a un abrazo.

CUANDO SU PERRO NO PROGRESA EN LA EDUCACIÓN

Cuando esté enseñando un nuevo trabajo a su perro, y vea que existe un punto en donde no puede conseguir que el perro haga lo que usted quiere, o incluso deja de intentar hacerlo, pruebe esto: vuelva a la última cosa que su perro consiguió aprender y repítala. Felicítele por ello y pruebe el nuevo trabajo. Si tiene éxito consiguiendo que responda correctamente en el nuevo trabajo, alábelo de nuevo. Si el perro parece desconcertado o no colabora, intente otro trabajo sencillo que comprenda. Si, aún así, todo es inútil, déjelo para otro día.

PAUTAS PARA UN BUEN ENTRENAMIENTO

Siempre esperamos que los perros de los demás huyan rápidamente de nosotros y los nuestros acudan igualmente rápidos; difícil contradicción. Un método de entrenamiento positivo muy bueno para conseguir algo parecido se llama entrenamiento del clicker (chasquido). Usándolo, usted puede conseguir que su perro entienda lo que desea. Como beneficio adicional, logrará educarle sin necesidad de gritos o golpes.

El método clicker es una forma de operar en el cual se emplean los refuerzos condicionados para la educación del perro. Para muchos cuidadores es el primer modelo de aprendizaje científicamente probado y que ya es empleado en muchas populares academias de entrenamiento.

Lo primero que se hace es condicionar al perro para que haga algo y lo segundo es premiarle. La frecuencia de una conducta se aumenta o se disminuye por el uso de refuerzos y castigos. El clicker se usa para definir la conducta que usted quiere y aumentar la probabilidad para que esta conducta se repita frecuentemente en el futuro.

En este sistema, el sonido, aparentemente complicado, se convierte en un sistema de enseñanza realmente fácil de manejar. En primer lugar, un clicker es un ruido que marca un deseo. Se hace un sonido determinado para cada acción requerida por nosotros. La primera cosa que necesita para este sistema es convencer al perro que el clicker es una cosa buena y que cada vez que él lo oiga le espera una gratificación.

Esto a veces se denomina como "cobrar la recompensa", y todo lo que necesita hacer es esto: efectúe el sonido y pida algo. No espere que lo haga inmediatamente, solamente haga el sonido y pida. Repita hasta que el perro empiece a percibir que tiene que hacer algo cada vez que oiga ese sonido.

Usted deberá notar que el perro empieza a estar simplemente alerta, con sus orejas tiesas puestas en la dirección del silbato, tantas veces como escuche el sonido. Poco a poco aumente la frecuencia de los sonidos, incluso hasta treinta repeticiones, y vea si el perro responde con su estado de alerta. Si es así, prémiele con un pequeño obsequio.

Luego, perfeccione su conducta exigiendo algo concreto. Por ejemplo: si usted quiere que el perro se ponga tumbado en el suelo, plenamente alerta, dígale que se ponga abajo y efectúe el sonido cuando sus codos se pongan en la tierra. Gradualmente, alargue el tiempo en que los codos del perro deben permanecer pegados al suelo antes de que usted haga el sonido. Cuando todo comience a ponerse bien, empiece a variar su refuerzo, tratando que permanezca más o menos tiempo apoyado en el suelo. Use premios grandes cuando todo salga perfectamente. Finalmente, y gradualmente suprima el silbato por alabanzas vocales.

A continuación, enséñele una nueva conducta, como recuperar una pelota. Una de las maneras para lograr esto es emplear el silbato o un sonido especial. Por ejemplo, haga botar la pelota en una pared y emita el sonido cuando el perro se vuelva a mirar la pelota. Cuando el perro ya ha tomado conciencia del juego, haga botar la pelota de nuevo y emita otra vez el mismo sonido si ve que el perro camina hacia la pelota, pero solamente lo debe hacer si camina con seguridad en dirección a la pelota. Repita lo del sonido (recuerde, voz o silbato) cuando el perro toque la pelota. Si la llega a coger con sus dientes efectúe un nuevo sonido, el mismo en caso de que haya decidido no soltarla. Si en ese momento el perro está realizando de forma consistente esta aparente sencilla ocupación, es el momento de pedirle que vuelva hacia usted. A cada paso, use muchas frases de alabanza (incluso ofrézcale obsequios o su juguete favorito), y no le corrija en el supuesto que no haga todo perfectamente, simplemente deje de tocar el silbato o de aplaudirle. Este mecanismo de enseñanza quizá le parezca muy complicado, pero con unas pocas sesiones conseguirá que le obedezca.

Reglas básicas para el entrenamiento con sonidos:

1.   No permita que su perro o usted se desmoralicen. Si el perro no está consiguiendo su propósito, simplemente deje de insistir con firmeza y trabaje ese día en algo más sencillo.
2.   Dé una vez y sólo una vez cada orden.
3.   Procure darle un nombre a cada acción. Así el perro también la identificará y parecerá que entiende el lenguaje humano.
4.   Sólo refuerce con premios o sonidos las conductas que usted quiera.
5.   Use premios extraordinarios para las actuaciones extraordinarias.

Pasos a seguir en el entrenamiento con pelotas:

Puesto que correr detrás de una pelota se realiza en ocasiones con otros perros o personas a su alrededor, su animal necesitará que le corrijan cuando esto sea así. Es probablemente la parte más difícil del adiestramiento para perseguir objetos. Hay varias alternativas para resolver este problema, aunque no todos los perros responderán bien a los mismos métodos.

Lo primero es evitar que se distraiga con cosas sencillas y poco a poco incorpore distracciones nuevas y más intensas. Esto aportará una gran confianza a usted y al perro a la hora de realizar una labor compleja. Lo primero es lograr que no se distraiga por la presencia de otros perros y para ello escoja perros tranquilos y que no les guste ladrar. Poco a poco, póngale a trabajar con otros animales más problemáticos.

Evite que su perro se distraiga

Nunca le grite o le atemorice en las primeras fases del entrenamiento. Por el contrario, alábele cuando deje de intentar acercarse a otro perro, aunque debe tener cuidado en no asustar a ninguno de los dos.

Si es posible, ponga varias personas amigas para que formen un obstáculo hacia el objeto a coger. Estos amigos deben suponer una barrera que el perro deberá franquear sin problemas y rápidamente para llegar a coger la preciada pelota.

Una vez finalizado este entrenamiento con personas, es el momento de agregar nuevos ingredientes para conseguir que no se distraiga con nada. Ahora emplearemos el agua en la cara. Sitúe de nuevo a algunos amigos en la senda que deberá seguir el perro y pídales que le tiren un poco de agua al rostro cuando pase por su lado. Este ejercicio le servirá para lograr que sea capaz de seguir imperturbable su camino, pero también para que actúe como correctivo. Por ejemplo: si se para o va en busca de otro perro cercano, tírele agua a los ojos cada vez que lo intente. Tenga cuidado en no asustarle.

Y la prueba final: ponga en su camino algunos perros y pídale que le traiga la pelota sin detenerse o vacilar. También puede poner ropa suya o un juguete de sus hijos en el caso de que eso de los perros sea más problemático. Si es capaz de identificar los objetos y, aún así, no detenerse para llegar a coger la pelota, tendrá ya un perro perfecto.

CAPÍTULO 5

ANATOMÍA

Es difícil tratar de cuidar y educar a un perro si no conocemos algo sobre su anatomía y sus grandes diferencias con respecto a las del hombre y el resto de los animales. Estas son sus características más importantes:

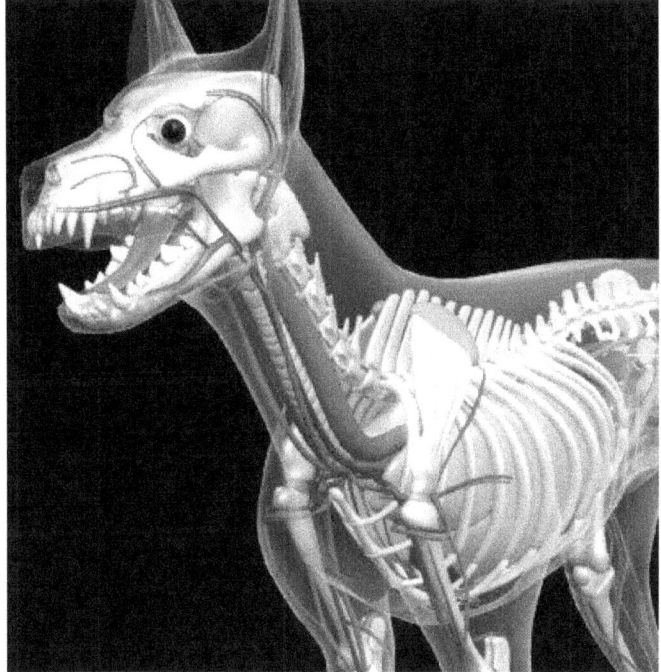

1.   CEREBRO: Nunca podremos saber exactamente lo que piensa un perro hasta que nos podamos comunicar verbalmente con él, por lo que cualquier conclusión sobre sus sentimientos es pura especulación. El cerebro del perro, al igual que el del resto de los mamíferos, procesa y evalúa toda la información que recibe, no solamente del exterior de su cuerpo, sino incluso de su propio interior. Con un peso de

apenas 0,5% de su peso corporal total, es capaz de entender el lenguaje de los miembros de su especie y del ser humano. También interpreta los olores con gran precisión y analiza el resto de sus sentidos, además de ser capaz de entender y aprender rápidamente los conceptos básicos para su trabajo, supervivencia y convivencia. Respecto a si el perro se mueve por instinto o por reflexión nada hay seguro, aunque de todos los animales es el más capaz de actuar sin hacer caso a sus instintos.

2.   VISTA: Posee unos ojos similares a los del lobo, más planos que los del hombre, y perfectamente separados para lograr una buena visión lateral sin apenas movimiento. Muy sensibles a la luz y con menos precisión para enfocar que el hombre, observa mejor cualquier movimiento por minúsculo que sea, que los objetos estáticos, aunque éstos tengan fuertes colores.

3.   OÍDO: Las orejas, sumamente móviles, lo que le permite captar los sonidos muy lejanos a modo de amplificador mecánico, son capaces de oír una amplia gama de frecuencias sonoras, algunas imperceptibles para el hombre, especialmente las supraagudas. Además, logra saber la procedencia de los sonidos y la distancia a la que se generan en poco más de seis centésimas de segundo.

4.   TACTO: Es uno de sus sentidos menos reconocidos y eso que posee terminaciones nerviosas por todo el cuerpo, especialmente en las patas. También tiene zonas muy sensibles encima de los ojos, el morro y debajo de la boca, razón que explica el que no guste que le toquen en esas zonas.

5.   OLFATO: Parece ser que dispone de nada menos que 200 millones de receptores olfatorios en sus fosas nasales, justo 195 millones más que el ser humano. Para procesar toda esta información tan compleja la mayor parte del cerebro está destinada a este órgano, directamente conectado con el sistema límbico. Tiene igualmente muy desarrollada su capacidad para captar el olor de los órganos sexuales, no solamente de las hembras, sino incluso de los machos.

6.   GUSTO: No tan refinado como el del hombre, posee no obstante la capacidad de transmitir el olor sexual a través del paladar hasta el cerebro. También registra, aunque mediocremente, los sabores amargo, dulce, agrio y salado.

Respecto al sistema muscular:

Al tratarse de un mamífero, el perro no se distingue esencialmente del ser humano, aunque su rapidez, coordinación y potencia muscular son más eficaces. Por ejemplo:

• Los músculos que mueven las orejas no están atrofiados y le permiten orientarlas de manera instintiva en la misma dirección que el sonido. También actúan en caso de peligro, tensándose para atacar o bajándolas si tienen miedo.

• El cuello puede girar la cabeza hasta 220 grados, estando limitado en sentido ascendente.

• Su potente mandíbula le permite efectuar una presión al morder que triplica la del ser humano.

• Las piernas anteriores, aunque no están muy musculadas, poseen unos músculos retractores especialmente aptos para excavar. Las posteriores, sin embargo, impulsan fuertemente todo el cuerpo hacia delante de manera explosiva.

• También disponen de músculos en la cola cuya utilidad no está aún clara.

Aparato digestivo:

El perro es un animal que por instinto debe comer mucho cuando dispone de suficiente comida. También debe hacerlo rápidamente, quizá porque es consciente que la comida puede ser escasa y posiblemente tarde varios días en volver a comer. Un perro puede ser especialmente fiero si tratamos de quitarle su comida, incluso cuando se trata de su amo.

- La dentadura responde a las características de los carroñeros, con unos dientes caninos e incisivos que poseen una raíz más larga que la parte visible. La boca, larga y profunda, consigue pulverizar con igual precisión tanto los alimentos duros como los huesos, como la hierba y las raíces.
- Su largo esófago se dilata sensiblemente para permitir el paso de grandes cantidades de comida al mismo tiempo, pasando luego más lentamente al estómago.

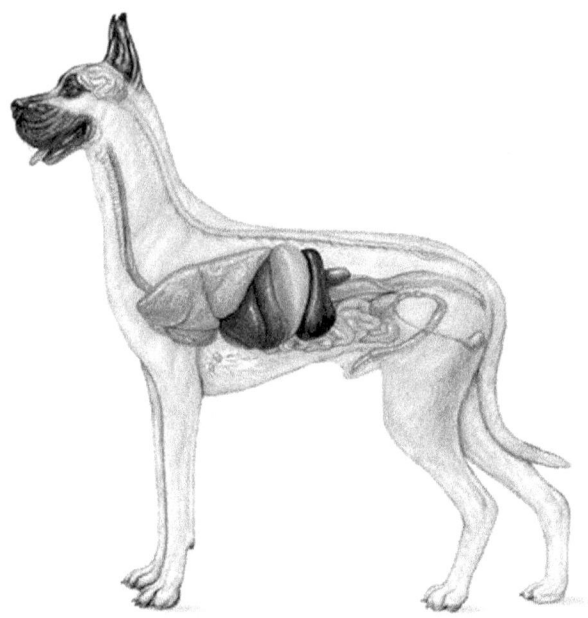

Sistema reproductor:

El macho siempre está sexualmente dispuesto, especialmente cuando huele que la hembra también lo está. Parece ser que su olfato estimula directamente la producción de hormonas hipofisarias y eso produce un aumento de las hormonas masculinas y de espermatozoides. La hembra tiene dos ciclos reproductivos al año, aunque la ovulación se limita a cinco días cada vez. En ese momento busca aparearse y es cuando segrega el flujo que despide olores más intensos.

Al igual que los humanos, cuando los perros deciden aparearse intercambian previamente juegos y caricias, hasta que ella se queda quieta y el macho la penetra. Este acoplamiento dura veinte minutos.

El embarazo dura 63 días, pero puede tener también un embarazo hormonal, aunque no haya quedado fecundada. Cuando nace el cachorro suele hacerlo ya con pelo y su olfato está ya tan desarrollado que encuentra sin problemas a la madre. La madre, durante la lactancia, debe ser protegida por el macho puesto que pierde parcialmente el sentido de la lucha y no presiente el peligro.

SEÑALES QUE INDICAN ALGÚN PROBLEMA DE SALUD EN SU PERRO

- Rascado continuo, lamiendo o masticando la piel.
- Aumento en la pérdida del pelo.
- Mala respiración, dientes sueltos o encías inflamadas.
- Ojos inyectados en sangre, con la mirada entornada.
- Uñas dañadas, cortadas o con manchas.
- Almohadillas de los pies quemadas o despellejadas.
- Mucosidad en el canal de la oreja con inflamación.
- Gusanos en los excrementos, granos en la zona anal o diarrea persistente.

Algunas soluciones:

Si su perro tiene algún parásito, como pulgas, debe usted bañarlo con el champú que le indique el veterinario. Si no dispone de alguno ese día pruebe a aclararle el pelo con una infusión de tomillo. No se olvide también de tratar las alfombras y la ropa de su cama, e incluso otras del hogar en donde habitualmente se recueste el animal. Si se trata de garrapatas pruebe a frotarlas con alcohol y quitarlas después con una pinza, sin olvidarse de la cabeza. Recuerde que una vez que ha conseguido pinzar al parásito debe realizar la extracción lentamente.

En el caso de que haya tenido una pelea en la calle con otro perro lo primero es tranquilizarle, puesto que seguramente estará asustado. Después es el momento de curar su piel, evitando el dolor y que se le infecte. La misma infusión de tomillo que empleó para los parásitos le podrá servir para desinfectar su piel, aunque también puede añadir Própolis que encontrará en cualquier herbolario. Una vez que esté ya más tranquilo, es el momento de llevarle a un veterinario, puesto que es posible que necesite tomar antibióticos o tratar la herida más intensamente.

Si el perro ha sido picado por una abeja o avispa, inmediatamente verifique si tiene inflamada la boca y garganta. Si estos síntomas están presentes, lleve inmediatamente su perro al veterinario porque probablemente es alérgico al veneno. Si ya lo sabe, le será imprescindible tener en casa un producto homeopático llamado APIS 9CH, el cual neutralizará el veneno el tiempo suficiente hasta que pueda llegar a un centro veterinario. Si su perro no parece ser alérgico a la picadura, simplemente quite la púa del insecto con un par de pinzas y aplique una crema antiséptica.

CAPÍTULO 6

LAS RAZAS MÁS IMPORTANTES

Affenpinscher

Historia:
De origen desconocido, se le ha emparentado con el Grifón Belga y el Terrier, siendo descendiente de distintas razas traídas de Asia, de tipo carlino, y grifones de origen belga. Situando su primera aparición en Alemania, hoy no quedan demasiados ejemplares en este país, aunque, sin embargo, ha tenido mucha aceptación en Estados Unidos.

Características:
Es un perro pequeño de simpático aspecto. Su cuerpo compacto está sujeto por extremidades de fuertes huesos y músculos. Su cráneo es convexo y la cabeza ancha, destacando en ella sus ojos, parcialmente cubiertos por el pelo de las cejas, redondos y oscuros con mirada viva y nerviosa. Las orejas son puntiagudas y erguidas, mientras que el hocico es robusto y con la nariz negra, estando toda la cara cubierta de un pelo largo y áspero.

La cola, de largura media, se mantiene en posición elevada. Todo el cuerpo está cubierto de un pelaje ligeramente ondulado, de tacto duro y áspero, especialmente en el pecho y la barba.

Comportamiento:
Su carácter es fuerte y de difícil adiestramiento, pudiendo incluso ser violento y agresivo con los extraños, pero siempre cariñoso con la familia a la que pertenece. Tiene por ello excelentes cualidades como perro guardián, siendo también válido como cazador de roedores y conejos.

Peculiaridades:

Con una barba abundante y las cejas hacia arriba, no es extraño que haya quien lo considere un cruce entre mono y perro. Extravagante y de fuerte personalidad, su afición a ladrar le hace adecuado para la vigilancia y su pequeño tamaño no impide que sepa hacer frente a los agresores. De gran longevidad, solamente requiere que le cepillen el pelo diariamente, salvo por la cabeza, y que se lo corten con regularidad.

Afgano

Historia:

Se cree que esta raza tiene su origen en Oriente Medio, en el Sinaí, aunque hoy en día su cría se ha centrado en el mundo occidental y Afganistán, donde aún se emplea como perro pastor de ovejas o cazador de zorros y lobos. Su presencia se cita ya en los papiros egipcios desde hace cinco mil años y le podemos ver dibujado en algunas grutas de Afganistán.

Características:

Principalmente está considerado como animal de compañía de gran belleza física, mostrando un aspecto elegante gracias a un abundante y largo pelaje que exige un cuidado diario.

Aunque su pelo es muy abundante en todo su cuerpo, en la cara y cuello es bastante más corto, al igual que en su pequeña cola. Las orejas en posición trasera caen pegadas a la cara, configurando entre éstas y la frente un rostro alargado, mientras que sus ojos son de un hermoso color anaranjado.

En Afganistán se pueden observar tres tipo de afganos: de pelo corto (desarrollado en la zona más cercana a la Unión Soviética), de pelo empenachado, y de pelo largo y espeso como es el perro de montaña.

Comportamiento:
Pertenece a los Lebreles, grupo de conocido carácter independiente, por lo que su adiestramiento es, en muchas ocasiones, largo e insistente.

Peculiaridades:
Para muchos, el Afghan hound es uno de los perros más bellos, aunque hay sensibles diferencias entre sus variedades. No obstante, tanto el de montaña como el del desierto, mantienen su habilidad para cazar toda clase de animales, incluidos leopardos. De carácter independiente, es un animal orgulloso, insensible a las caricias y en ocasiones celoso. No responde a las llamadas, por lo que es fácil que se extravíe. Su pelo exige cuidados diarios y laboriosos.

Airedale terrier

Historia:
Surge a finales del siglo XIX en Yorkshire, Gran Bretaña. Clasificado como el mayor de los Terrier, se ha utilizado para múltiples funciones, entre ellas como perro policía, vigilante, cazador de osos, lobos o nutrias, mensajero en la guerra, etc. Su nombre proviene del río Aire y fue criado con esmero en el condado de York mediante un cruce con el sabueso de agua.

Características:
Es uno de los Terrier más altos y sus extremidades compuestas de potentes huesos son rectas y musculosas terminadas en pies almohadillados y pequeños, con dedos arqueados. La cola, amputada a un cuarto, es delgada, dispuesta en alzada. Todo su cuerpo está bien cubierto de un abundante pelo duro, resistente, espeso y duro, semiondulado. La cabeza es larga y estrecha, y el hocico es cuadrado con trufa negra y gran mandíbula tapada por una espesa barba. Las orejas, de tamaño medio, caen hacia delante en forma de "v".

Comportamiento:
Hoy se ha limitado su utilidad a perro de compañía. Muy alegre y agradecido con sus amos, necesita de mimos y atenciones, llegando a ser un buen animal doméstico, muy adaptable a la familia y leal con sus amos.

Peculiaridades:
Este rey de los terrier ha sido empleado anteriormente como perro de guerra, por su buen trabajo para labores de sanidad, guía de ciegos y salvamento de heridos. También se le considera un perro apto para la caza de patos y, en general, para la caza con escopeta.

Akita

Historia:
La raza, originaria de la isla de Honshu, Japón, surge por primera vez en el siglo XVII. Su utilización ha estado casi limitada a las peleas de perros, aunque hoy, gracias a organizaciones japonesas para la preservación de razas caninas, se ha podido salvar de una extinción segura. Es la raza japonesa de mayor tamaño, originariamente criada para cazar ciervos y jabalíes.

Características:
De gran belleza física, tiene un cuerpo fuerte de gran musculatura y las extremidades poseen una estructura ósea bien desarrollada. Todo el cuerpo está cubierto de un pelaje duro y espeso de largura media, con una capa inferior más corta y lanosa. La cola ancha y de abundante pelo queda enroscada en el dorso en forma de anillo. El cuello es ancho y musculoso, soportando una cabeza grande y ancha que termina en un hocico no demasiado largo. Las orejas son pequeñas, erguidas en forma de triángulo, mientras que los ojos son oscuros y oblicuos.

Comportamiento:
Su carácter independiente y reservado obliga a un adiestramiento severo y continuado. Puede ser malhumorado y agresivo, pero una vez adiestrado es idóneo para la defensa o la compañía. Inteligente, pero obstinado, puede ser muy pendenciero con otros perros.

Peculiaridades:
Se cree que existía ya hace 5.000 años y por eso ocupa un lugar importante en la mitología japonesa. En la actualidad su importación está muy restringida puesto que el gobierno japonés lo considera como patrimonio nacional. Su peculiar cola,

enroscada en forma de anillo sobre el dorso, le proporciona un atractivo intenso.

Alaskan malamute

Historia:
Desciende de los lobos árticos de la costa oeste de Alaska, hoy tiene su máxima representación en Estados Unidos. Su nombre procede de una tribu de Alaska denominada Mahlemutes, famosa por sus buenos cuidados de los perros de nieve.

Características:
A pesar de su feroz apariencia es un animal amistoso de gran belleza física. Su cuerpo, perfectamente estructurado, está cubierto de una espesa manta de pelo con una capa interior más lanosa. Su cabeza es alargada y ancha con el cuello largo y fuerte. Tiene unas orejas erguidas y puntiagudas y los ojos, ligeramente almendrados, son oscuros, mientras que su cola está cubierta de pelo largo, llevada en forma de anillo pendulante sobre el dorso.

Comportamiento:
Tiene los sentidos de la orientación y el olfato muy desarrollados. Se emplea con gran éxito como perro de trineo y de búsqueda en operaciones en la nieve. Su carácter amistoso y adaptable ha hecho que se le reconozca como animal muy útil. El Alaskan malamute se considera como una de razas de perros más inteligentes y trabajadoras.

Peculiaridades:
No gusta de pertenecer a nadie en concreto y prefiere mantenerse independiente como líder de su grupo. Su gran seguridad y fortaleza hace que sea muy difícil de educar y se prefiera dedicarlo a las carreras o ejercicios de fuerza. En la literatura inglesa permanece siempre como un compañero

inseparable de aventureros y expedicionarios, especialmente en las novelas del legendario Jack London.

American cocker spaniel

Historia:
El American Cocker Spaniel, o Cocker spaniel americano, fue desarrollado a partir de una selección determinada de Cocker en los cuales se buscaban unas características que dieron origen al ejemplar actual. La raza tuvo su origen en una perra británica traída de América en la década de 1880.

Características:
Tiene el cuerpo más corto que el English Cocker y su dorso guarda una línea recta hasta la cola. Su cuello, también musculoso, es largo y está ligeramente inclinado. La cabeza abovedada tiene un stop evidente. Su hocico, de largura media, es ancho y profundo, con labios superiores colgantes y dentadura en forma de tijera. Los ojos, de expresión bondadosa, son suavemente ovalados y de color variable según el manto. Las orejas nacen a la altura de los ojos, son largas, cubiertas de abundante pelo largo y caídas. Suele necesitar un aseo diario para evitar enfermedades propias de los oídos, garrapatas y suciedad común. La cola, en continuidad con la línea del dorso, está continuamente en movimiento. Su hermoso pelaje, sedoso, largo y fino, cubre todo el cuerpo, requiriendo un cepillado diario y ciertos cuidados periódicos.

Comportamiento:
Aunque tiene cualidades de cazador, hoy, el American Cocker es únicamente un apreciado perro de compañía, equilibrado, simpático y agradable con los niños, muy popular no solo en Estados Unidos, sino también en Iberoamérica y Japón.

Peculiaridades:

Son especialmente aptos para encontrar pájaros y sus patas cortas le facilitan esta labor. Se le considera el origen de los Setters, aunque posee rasgos claramente diferenciados. Exige un cuidado esmerado de su largo pelo y aunque es un buen vigilante no ladra casi nunca. Es propenso a la epilepsia.

American pit bull terrier

Historia:
A finales del siglo pasado se crea una raza descendiente del Staffordshire Terrier, hoy dedicada principalmente a la defensa de la propiedad, a los combates de perros y la compañía.

Características:
De tamaño medio, tiene el cuerpo ligeramente más largo en comparación con las extremidades. Todo su porte es musculoso e imponente. El cráneo es muy similar al del Staffordshire, ancho y de stop pronunciado. Las orejas están recortadas, triangulares, erguidas y puntiagudas. Los ojos son marrones oscuros y ovalados, de mirada serena. Los músculos de la cara están claramente definidos bajo el manto fino de las mejillas, con el cuello fuerte y ancho. La cola es larga y delgada, de posición horizontal y baja. Es frecuente la castración en esta raza. El pelaje, muy denso, es corto, fino y suave.

Comportamiento:
Su carácter tiene mala fama, puesto que se le considera un perro desequilibrado y con tendencia al ataque, debido, sobre todo, a la cría discriminada y el adiestramiento sin prejuicios. Pero puede ser un excelente animal de compañía, fiel a la familia a la que pertenece, buen vigilante y defensor.

Peculiaridades:
Es la raza más desprestigiada por su divulgada agresividad con los humanos, sin que falten voces que exigen su desaparición. Pero, como sabemos, el mal está en sus criadores quienes gustan de acrecentar su agresividad obligándoles a pelear con otros perros.

American Staffordshire terrier

Historia:
Surge del cruce a finales del siglo XIX entre Staffordshire, Bulldog y varios tipos Terriers, aunque fue en Estados Unidos donde se depuró hasta darle el aspecto que hoy conocemos. Allí, los criadores pusieron gran esmero en perfeccionarle y gracias a ellos le proporcionaron un mayor peso y una cabeza más potente.

Características:

Su aspecto transmite fuerza y respeto. Su cuerpo está muy bien musculado, con las extremidades delanteras más largas, y la osamenta bien desarrollada. La cola es larga y fina con tendencia baja. La cabeza es ancha, con los músculos de la cara bien marcados y el hocico de largura media con stop pronunciado. Las orejas triangulares en punta están amputadas, razón por la que pierden cierta potencia en su fuerza corporal. Los ojos son de color marrón oscuro, ovalados, de mirada intensa y observadora. El cuello es corto pero muy musculoso. El manto es muy abundante y compacto, de pelo fino, corto y brillante.

Comportamiento:
Es un perro muy familiar, amigo de los niños, ideal para la vigilancia de la propiedad y defensa ante intrusos. Puede ser letal con otros perros.

Peculiaridades:
Se le hace participar en ocasiones en las peleas de perros, por lo que suele gozar de muy mala fama y se le culpa de atacar a las personas. Pero como estos defectos son producto de una mala enseñanza, quienes deseen tener uno de ellos deben elegir un animal que haya sido educado por personas responsables. Cuidado con cariño se muestra como un buen amigo del hombre y de los niños, seguro de sí mismo, aunque hay que evitar que muerda a otros perros, labor que se ejerce cuando son cachorros.

Australian shepherd

Historia:
Este perro, llevado a California a mediados del siglo XIX, tiene su origen en un cruce de pastores de Australia y Nueva Zelanda.

Características:

De talla media, su constitución es robusta y presenta un manto de pelo abundante un tanto áspero. Tiene las orejas caídas y los ojos casi siempre azules, aunque, en ocasiones, pueden presentar otros tonos; la trufa es casi siempre marrón. Su cuerpo tiende a ser ligeramente largo y presenta las patas traseras bien empenachadas, apoyando su peso en unos pies sólidos y anchos.

Comportamiento:

Gracias a su obediencia, este perro es cada vez más popular, criado especialmente como pastor de trabajo adaptado al clima californiano. De carácter cariñoso, es muy adecuado para la vida familiar, utilizándose a veces en labores de búsqueda y rescate.

Peculiaridades:

Amigo de los caballos, con quien comparte espacio y carreras, se muestra como un animal muy resistente y de fuerte carácter. También es un buen vigilante y amigo de los niños, con quien gusta de jugar, se emplea actualmente para el cuidado de las granjas pues posee la habilidad de pasar sin problemas entre las patas de las ovejas. En momentos claves lanza un aullido que logra poner a los animales en la ruta correcta.

Basenji

Historia:

Procedente de Africa central, concretamente de Egipto, su origen se remonta a la civilización egipcia en donde se empleaba como perro de caza. Al igual que ocurre con otros perros, podemos ver dibujos suyos en algunas tumbas egipcias, lo que demuestra la gran consideración que el tenían. Se le denomina también como Perro del Congo y han sido los ingleses quienes le han refinado y divulgado por el resto del mundo.

Características:

Este perro antiguo, de grandes mandíbulas y rostro alargado, posee unos ojos penetrantes casi redondos, coronados por una frente arrugada que le proporciona una expresión de asombro constante.

Las orejas puntiagudas son notorias y tienen una desarrollada capacidad de movimiento. Su cuello es bastante largo y el pecho es ligeramente profundo y ancho.

El pelaje del cuerpo, de color fuego y apto para el camuflaje, es corto y de textura sedosa convirtiéndose en un excelente mecanismo de repulsión del calor, lo que explica su origen en zonas centroafricanas de clima cálido y templado. Tiene una graciosa cola enroscada, con su punta blanca siempre pegada al cuerpo.

Comportamiento:

Aunque hoy es principalmente un perro de compañía traído del Zaire en los años 30, el Basenji, es una raza ideal para la caza por su silenciosa capacidad de rastreo. Inteligente y muy juguetón, solamente siente aversión al clima húmedo, aunque, paradójicamente, suele lavarse él solo de manera similar a los gatos y por eso no tiene el olor característico de otros perros.

Como perteneciente al grupo de los cánidos salvajes, solo tienen un ciclo sexual al año y sus escasos ladridos son curiosos aullidos.

Peculiaridades:

Se adapta sin problemas a la vida con humanos lo mismo que a la soledad, teniendo un carácter en ocasiones desagradable y en otras tímidas. Expresa sus sentimientos mediante quejidos y gruñidos, siendo uno de los perros más limpios y que menos huelen. Para educarle es necesaria cierta paciencia y cariño pues no le gusta obedecer, aunque cuando se integra en familia es juguetón y alegre.

Basset hound

Historia:
Descendiente del Bloodhound, tiene sus orígenes en el siglo XVI. Inicialmente fue una raza dirigida a la caza menor, pero hoy los criadores lo sitúan como perro de compañía. Ha sido descrito en la literatura inglesa como un perro que posee orejas capaces de barrer el rocío de la mañana, lo que indica ya cuál es su gran peculiaridad física. Reconocido por unos como un buen perro de compañía, para otros es simplemente un animal perfecto para la caza y eso ha sido objeto de numerosas polémicas en diversas asociaciones caninas.

Características:
El cuerpo del Basset Hound es bastante largo y grueso, sujeto por unas pequeñas patas de fuertes huesos. La cola, además de fuerte, es larga en comparación a la altura de este canino. Su cabeza es grande, con el cráneo redondeado. Las orejas, muy largas y amplias, caen con pliegues a ambos lados de la cara. El hocico, destacado, es de color negro, y los labios, como los de todos los sabuesos, caen anchos y flácidos. Todo su cuerpo está cubierto de pelo duro y corto, formando, junto a la piel, pliegues en zonas como la cabeza o patas delanteras.

Comportamiento:
En la década de los ochenta en Estados Unidos desarrollaron un ejemplar de apariencia más elegante, pero con las mismas cualidades para la caza, que fue destinado como perro de lujo para la compañía.

Peculiaridades:

Es eficaz para buscar rastros de sangre, de animales o personas, especialmente en lugares de fuerte y complicada vegetación. Obstinado y con sus cualidades como cazador casi perdidas, suele tener frecuentes problemas en los párpados y los ojos.

Basset Fauve de Bretagne

Historia:
Surge en Francia en el siglo XIX del cruce entre el Gran Griffon Fauve de Bretagne y el Basset Vendéen, aunque nunca ha sido considerado como un ejemplar de categoría.

Características:
Contrasta en su cuerpo el tronco grande y fuerte, y sus extremidades cortas y curvas. Posee un pelaje abundante, corto y duro, pudiendo variar su color entre tonalidades rubias y pelirrojas. La cabeza alargada termina en una nariz negra con grandes orificios. Las orejas caídas son largas y amplias, mientras que la cola es ancha y no muy larga.

Comportamiento:
Con aptitudes excepcionales para la caza menor es también un animal ideal para la compañía, aunque por su carácter inquieto la vida en el ámbito urbano no es aconsejable. Ejemplares del Basset Fauve de Bretagne son difíciles de ver fuera de Francia o el Reino Unido. Tiene especiales aptitudes para correr y buscar presas entre matorrales y zarzas.

Peculiaridades:
En realidad, se trata de un perro de corpulencia normal pero de patas cortas, posiblemente producidas por una mutación heredada. Su ladrido peculiar hace que sea un buen aliado para el rastreo y que trabaje bien en jaurías.

Dócil con los niños, no es un eficaz guardián y necesita ser educado con precisión desde pequeño a causa de su deseo intenso de independencia.

Beagle

Historia:
Surge en el siglo XIV de la mezcla entre Harrier y los sabuesos más antiguos. Antiguamente era muy considerado por los cazadores ingleses quienes transportaban a estos perros, en las cacerías, en pequeñas cestas de la montura de sus caballos. Existe una variedad enana, el Beagle Elisabeth, de una estatura nunca superior a los 30 cm y apenas 10 kg que también se utilizaba para los mismos menesteres.

Características:
Su tamaño es muy reducido, aunque puede variar según el tipo, guardando una buena proporción entre sus extremidades y el resto del cuerpo. Su cabeza, bien desarrollada, tiene forma abovedada, con orejas grandes que cuelgan traseras dibujando un pequeño pliegue. Los ojos, ligeramente almendrados de color marrón, reflejan una mirada cálida. La nariz rosácea de adulto tiene un color marrón, oscuro o negro, cuando son cachorros. La cola está continuamente en posición vertical. El pelaje es corto, liso y generalmente suave. Las extremidades, musculosas, terminan en unos pies fuertes y almohadillados.

Comportamiento:
Aunque se ha utilizado y se utiliza para la caza, el Beagle es aceptado con agrado como animal de compañía por su carácter cariñoso y alegre.
Tiene las cualidades perfectas para la caza de liebres, codornices e incluso peces.

Peculiaridades:

De fino olfato, sigue siendo tan buen cazador como hace años, rastreando y caminando sin problemas entre las zarzas. Inteligente, dócil y alegre, posee una gran capacidad de adaptación sin mostrar agresividad hacia otros perros. Con los niños es paciente y parece compartir con ellos los juegos, soportando todo sin sacar los dientes.

Bearded Collie

Historia:

Admirado en Escocia ya en la época romana, no fue hasta el siglo XVI que se hizo popular entre los pastores. Se cree que desciende de los Perros pastores polacos de la llanura y es posible que tenga cierto parentesco con el Bobtail. Cantado por poetas, quienes mencionaban siempre su gran barba blanca, tuvieron que pasar, no obstante, muchos años antes de que se le considerase como un buen animal de trabajo.

Características:

Se trata de un perro robusto, de cabeza grande y morro alargado, con ojos distantes y orejas caídas de tamaño mediano, ocultas bajo su largo y robusto pelo. Su torso es plano y queda dividido de forma natural por el pelaje; las patas anteriores se caracterizan por su cubierta de pelo largo y lanudo.

Comportamiento:

A pesar de ser una raza poco difundida, posee un carácter cariñoso que lo hace muy apropiado como perro de compañía. Aunque ya apenas se utiliza para este trabajo, es también excelente en la conducción de rebaños.

Peculiaridades:

Nuevamente de moda en Gran Bretaña después de muchos años de abandono, su buen carácter y sus cualidades como guardián le han convertido en un perro muy apreciado. Incansable y alegre, es adecuado para el juego, siempre y cuando estemos dispuestos a permitir que revuelva la casa.

Bedlinton terrier

Historia:

Surge en el Reino Unido, en 1880, del cruce entre Dandie Dinmont Terrier, el Otterhound y el Whippet, gracias al entusiasmo que pusieron los mineros para mejorar la raza, en busca d eun perro apto para cazar ratas.

Características:
De aspecto elegante, el Bedlinton requiere de ciertas atenciones estéticas. Su pelaje corto, rizado y algodonoso, similar al de una oveja, es cortado con tijera, dejando una especie de "moño" con pelo más largo en la cara. Sus orejas en forma de "v" están dispuestas traseras y caídas hacia delante en su punta, con unas graciosas orlas de pelo que las adornan. Tiene unos ojos pequeños y oscuros de mirada amable. El hocico oscuro destaca al final de su cabeza y mandíbula alargada. La dentadura en tijera posee fuertes dientes. La cola es fina y larga. Sus extremidades son esbeltas y musculadas, bien preparadas para la carrera.

Comportamiento:
En contra de su aspecto, el Bedlinton es nervioso e imprevisible soliendo necesitar bastante libertad y ejercicio, aunque en los últimos años se ha trabajado en el desarrollo de una especie más tranquila y controlable. Se ha utilizado sobre todo para la caza de ratas y otras alimañas, pero tiene gran aceptación como animal de compañía.

Peculiaridades:
Auténtico "lobo con piel de cordero", debajo de su inocente aspecto es capaz de pelear con eficacia con otros perros y de cazar ratas. Es un buen depredador, inteligente y apto para cualquier tipo de trabajo. Cariñoso y amable necesita hacer mucho ejercicio y aunque no pierde pelo debe ser cuidado con esmero y cortado con tijeras con sumo cuidado.

Bichon à poil frisé

Historia:

De origen francés, este perro fue obtenido en el siglo XV a partir del Bichón Maltés, y pronto se convirtió en uno de los favoritos de la realeza. Se le puede encontrar inmortalizado en algunos cuadros de Goya, gracias a los cuales alcanzó gran popularidad. Posteriormente, su fama llegó a América.

Características:

Su pequeña cabeza muestra un stop poco marcado y termina en un hocico moderado con trufa negra. Tiene los ojos redondos y oscuros, bordeados en un tono también oscuro, mientras que sus orejas caídas son algo menores que las del Caniche. Su cola se curva ligeramente sobre la espalda sin llegar a enroscarse, pero si está relajado, cuelga lacia. Le cubre un manto de pelo fino y sedoso, casi siempre en blanco, aunque a veces muestra manchas en marrón o gris.

Comportamiento:

Atrevido, afectuoso y de fuerte carácter, a pesar de su corta estatura, es uno de los preferidos para acompañar en un pequeño piso.

Peculiaridades:

De un pelo que llama poderosamente la atención, debidamente cortado constituye todo un espectáculo sumamente bello. Demasiado sensible para ser criado por personas vulgares, necesita a su lado una persona de carácter tranquilo. Su aspecto es similar al caniche en miniatura, y requiere un aseo regular e importante.

Bichón boloñés

Historia:

Esta raza es originaria de Italia y desempeñó un importante papel entre las familias nobles y aristocráticas del

Renacimiento Italiano. Fue seleccionado en el 1.200 en Bolonia y actualmente se le considera una raza en vías de extinción.

Características:

Muy similar a otros tipos de Bichón, es de pequeño tamaño, con una graciosa cabeza de poco hocico, ojos redondos y orejas caídas. Le cubre un manto de pelo algodonado que cae formando mechones. La trufa, rosada cuando nace, se vuelve negra a los 3 meses. De tronco cuadrado y dentadura perfecta, sus grandes ojos tienen una expresión muy inteligente.

Comportamiento:

Es una raza sociable y cariñosa que disfruta de la relación con las personas, muy adecuado como animal de compañía. Disfruta siendo un buen perro guardián, aunque por su tamaño se le considera un perro más familiar.

Peculiaridades:

La aparición de marcas rubias en su pelo le hace perder categoría, pero su buen carácter sigue siendo su mejor arma.
Soporta muy bien las altas temperaturas climáticas.

Bichón maltés

Historia:

Conocido desde la antigüedad, este perro es resultado del cruce entre el Spaniel miniatura y el Caniche enano. Antes se le conocía como Terrier Maltés. Fue descrito en la antigüedad por el filósofo griego Teofrasto, quien hablaba de él como una pequeña raza proveniente de la isla de Malta.

Características:

No es muy grande y su cabeza presenta un stop poco marcado, trufa negra y ojos redondos y oscuros, un tanto saltones. De orejas abundantemente empenachadas, se caracteriza por un hermoso pelaje, pesado y largo, que nunca muda.

Comportamiento:

Es un perro cariñoso, especialmente con los niños, y aunque le gusta el ejercicio puede adaptarse a una vida sedentaria si no tiene oportunidad de practicarlo.

A pesar de parecer un perro tranquilo y muy simpático, cuando las circunstancias lo requieren se convierte en un perro astuto y muy alerta, que se sobresalta ante cualquier ruido.

Peculiaridades:

Curiosamente no procede de Malta, sino de la isla Meleda y se cree que originariamente llegaron desde Egipto. Se le atribuyen propiedades de curanderismo contra todo tipo de enfermedades, especialmente cuando la melancolía y la depresión están también presentes. Sanos y fuertes, de gran longevidad, son perros muy fáciles de manejar y que gustan de estar con sus amos. Hay que cepillar a diario su pelo, limpiarle los ojos por las mañanas, la barba después de comer, lo mismo que la región anal.

Black and tan coonhound

Historia:

De origen norteamericano desarrollado en el siglo XVIII a partir de razas como el Virginian Foxhounds, el Sabueso de San Huberto y el Kerry Beagle Irlandés, su cruce se realizó buscando conseguir un ejemplar donde predominara el pelaje negro con marrón fuego.

Características:

En su perfecta estructura desentonan ligeramente unas largas y grandes orejas que caen con graciosos pliegues y precisan especiales cuidados de higiene. Su pelaje corto y su color negro, menos en sus pies, pecho y hocico que es de color fuego, deja ver su marcada musculatura. La cabeza alargada y amplia termina en un hocico negro de grandes orificios y labios amplios y colgantes. Sus ojos de forma almendrada son marrones oscuros. El cuello es ancho y la cola larga y fuerte de fácil movimiento.

Comportamiento:
Es un perro muy trabajador y constante, utilizado para la caza del mapache, el ciervo e incluso el oso. Su táctica es acorralar a su presa y avisar mediante un particular ladrido a su amo cuando ha conseguido dejar sin salida a ésta. Se adapta tanto a climas fríos como muy calurosos. Es también idóneo como perro guardián al ser obediente y de actitud vigilante.

Peculiaridades:
Le podemos ver acechando a su presa con el hocico pegado al suelo hasta que la encuentra y comienza a ladrar. Es eficaz incluso cazando osos y pumas. Los ejemplares menos apreciados so aquellos que se muestran tímidos y nerviosos.

Border collie

Historia:
De origen británico, esta raza surge del cruce entre perros pastor de reno y pastores de Valée. Su nombre actual se le dio en el año 1915. Hoy, es el perro pastor de trabajo más conocido en Irlanda y el Reino Unido.

Características:
Hay dos variedades de Border Collie de pelo duro: con más cantidad de pelo y más largo, y de pelo liso, mucho más corto y menos denso. Sus extremidades son más bien cortas, el tronco es largo y robusto y la cola llevada baja llega hasta los corvejones dibujando un pequeño remolino en la punta. El cráneo es ligeramente ancho, con stop evidente, hocico alargado con trufa

oscura o negra, ojos separados de mirada vivaz y orejas triangulares semierguidas. Es un perro con los sentidos de la vista, olfato y oído muy desarrollados, lo que le convierte en un perro de múltiples recursos.

Comportamiento:
Utilizado siempre como excelente perro pastor para guardar y conducir rebaños, también ha sido reconocido su labor de protector y defensor del hombre. Por su instinto de trabajador incansable no es muy recomendable su vida en la ciudad. Necesita de espacios amplios y abiertos, pudiendo incluso ser violento si se le encierra.

Peculiaridades:
Su figura con la cabeza gacha mirando a las ovejas, acechándolas en ocasiones para matarlas, es ya muy tradicional. Su fino oído le permite escuchar la voz del pastor a cientos de metros de distancia y bien educado es capaz de cuidar y guardar

él solo el ganado. Incansable e inteligente, lo único que necesita es un plato de comida y estar ocupado trabajando.

Borzoi

Historia:
Aunque hoy en día sólo se utiliza como animal de compañía, en la antigua Unión Soviética se utilizó como perro cazador de lobos y protector del hombre. Fue importado de Arabia en el siglo XVII por la realeza rusa con el fin de cruzarlo con el Collie y algunos perros lapones. Su habilidad agarrando el cuello de los lobos le proporcionó una fama legendaria.

Características:
Con grandes cualidades para la caza, el Borzoi, nombre que se utiliza para designar a varias razas de Lebreles en Rusia, tiene un cuerpo alargado, fuerte y perfectamente estructurado. Su cara es alargada, con ojos de forma almendrada y juntos, así como pies estrechos de pelo corto y suave.

Comportamiento:
Posee una gran inteligencia, lo que unido a su porte aristocrático le convierte en un perro muy apreciado. Aunque antiguamente fue un gran cazador de lobos con quienes peleaba ferozmente, desde el siglo pasado se convirtió en un noble perro de compañía.

Peculiaridades:
Este galgo ruso, de gran belleza y silueta grácil, también le podemos encontrar con el nombre de **Barzaia**. Necesita salir diariamente al aire libre y efectuar carreras.

Boston terrier

Historia:
Surge a finales del siglo XIX del cruce entre muy distintos perros como el Bouledogue Frances, Bull Terrier, o Boxer y Bulldog. Su popularidad proviene desde el siglo XIX de la ciudad de Boston y es ahora uno de los perros más difundidos en los Estados Unidos por su buen carácter.

Características:
Su cuerpo está perfectamente proporcionado y bien musculado. La cabeza, ancha y plana, termina en un hocico corto y cuadrado de trufa negra. Los ojos son grandes y redondos, de color marrón oscuro, y mirada atenta y cariñosa. Las orejas son triangulares, erguidas y ligeramente redondeadas en las puntas. El pelaje es muy corto, suave y fino.

Comportamiento:
Es un perro muy familiar y amigable, de buen carácter, destinado a la vida de animal de compañía, adaptable en apartamentos y útil, también, como perro de defensa y vigilancia.

Peculiaridades:
Muy veloz, alegre e inteligente, se le puede educar con facilidad y reacciona sin problemas a la voz de su amo. Poco dado a ladrar en las labores de vigilancia, defiende ferozmente su territorio ante los extraños.

Briard

Historia:

De origen incierto, se piensa que es cruce del Pastor de Beauce con el Griffon à poil Laineux y era ya utilizado en la Edad Media. Sin embargo, no fue hasta la Exposición de París, en 1863, que obtuvo la popularidad merecida. Fue introducido en Europa como perro pastor junto con otros perros de Hungría y Rusia.

Características:

Completamente cubierto por un abundante pelo, largo y flexible, se caracteriza por una fuerte cabeza alargada, con stop muy marcado, terminada en un morro negro un tanto cuadrado, cortas orejas y ojos grandes. Su denso manto le permite trabajar en duras condiciones climáticas.

Comportamiento:

Posee fuertes instintos guardianes y es un excelente perro pastor y gracias a su oído finísimo es muy valorado también como centinela. Aunque es un perro muy tímido y algo agresivo con los extraños, se le conoce por ser muy cariñoso y bueno con los suyos.

Peculiaridades:

Muy eficaz cuidando los rebaños y en ocasiones fiero, es sumamente paciente con los niños y fácil de educar. Sus espolones dobles presentes en las patas traseras le han dado una categoría especial en los concursos, lo mismo que su elegante manera de correr. Se le conoce también como Perro pastor de Brie.

Bulldog inglés

Historia:

Aunque desciende del antiguo Mastín asiático, la raza fue completamente formada en Gran Bretaña. Durante mucho tiempo se utilizó, por su agresividad y resistencia, en el hostigamiento de toros, y cuando esta práctica fue prohibida estuvo al borde de la extinción. En Estados Unidos es un perro muy apreciado tanto en operaciones bélicas como por su buen comportamiento como animal de compañía.

Características:

Pequeño de estatura, aunque ancho de constitución, presenta una cabeza asombrosamente grande, con trufa negra muy cerca de los ojos, redondos y distantes entre sí, con pequeñas orejas echadas hacia atrás en forma de "rosa". Su hocico es corto y arrugado y el labio superior cae pesadamente sobre la mandíbula inferior, bastante prominente. Su pelo, fino y corto, es bastante suave.

Comportamiento:

Siempre ha sido un perro agresivo y sanguinario, pero las selecciones efectuadas en el último siglo han creado una nueva variedad que, conservando su fiero aspecto, resulta bonachón, limpio y casero, además de muy fiel. En la actualidad se utiliza casi exclusivamente para las exposiciones, además de compañía.

Peculiaridades:
Aunque con tendencia a padecer problemas respiratorios y de movimiento, si se le cuida su alimentación y se le obliga a realizar ejercicio no tendrá problemas de salud. Amigable, alegre y muy casero, es ahora un perro encantador con un carácter obstinado. Hay que cuidarle también los ojos y los pliegues de la nariz.

Bullmastiff

Historia:
Esta raza tiene su origen en el siglo XIX, con el cruce de un Mastiff inglés y un Bulldog. Fue creado para acompañar a los guardabosques en la búsqueda de cazadores furtivos, y por ello desarrollaron su velocidad, fuerza y resistencia para que pudiera detenerlos sin herirlos.

Características:
Tiene el cráneo ancho y cuadrado, la trufa negra con orificios bien abiertos y los ojos separados entre sí por el hocico y una arruga muy marcada en el stop. La fuerte cola le llega hasta el corvejón. Poderosas patas y pies grandes son otras de sus características.

Comportamiento:
Aunque es muy afectuoso y obediente, nunca ha alcanzado la popularidad del Rottweiler, su equivalente alemán, pues puede ser testarudo y reacio al adiestramiento, así como demasiado protector con los suyos; estas cualidades, en cambio, lo hacen apto como perro guardián y de defensa. Es conveniente que sea llevado por un amo enérgico.

Peculiaridades:

De grandes músculos y aspecto elegante, tiene una expresión en la cara que simula fiereza, pero que termina por hacerse simpático. Logra sujetar a su presa, sea humano o animal, sin morderle y con frecuencia se deja tocar por extraños, lo que limita sus posibilidades como guardián.

No obstante es muy apreciado como auxiliar en el ejercito y para guardar minas de diamantes.

Cairn terrier

Historia:

Es uno de los Terrier más antiguos. De origen escocés, alcanzó su máxima popularidad hacia los años 20, mientras que en el siglo pasado estaba destinado a la caza de animales pequeños y de madriguera como el zorro, el conejo o la nutria. Su clasificación proviene del siglo XVI, donde fue empleado para guardar monumentos y evitar que entraran en ellos animales salvajes.

Características:

Su diminuto tamaño no le hace menos ágil y capaz. Tiene el cuerpo cubierto de un abundante pelaje largo y áspero, con una capa inferior más corta y densa. La cola, no demasiado larga, se mantiene en constante movimiento. La cabeza es grande y ancha al igual que el hocico, mientras que la mandíbula tiene forma de tijera. Sus orejas son pequeñas, altas y puntiagudas. Los ojos, parcialmente ocultos por pelo, están ligeramente hundidos. De sus dos pares de patas el delantero es un poco más alto.

Comportamiento:

Es un perro alegre y amistoso, y soporta bien el adiestramiento aunque con frecuencia deja ver su carácter de Terrier. Admite de buen grado llevar traílla, por ello puede ser manejado sin problemas incluso por niños.

Peculiaridades:
Alegre y pendenciero, es muy apreciado por las personas que cuidan al ganado, comportándose estupendamente con los niños. Con fuerte personalidad de líder, acepta su papel como guardián y su controlada agresividad la ejerce sin necesidad de ladrar.

Canaán dog

Historia:
Tiene su origen en Oriente Medio, siendo utilizado durante siglos por los beduinos y otros nómadas del desierto de Negev como perro pastor y guardián. Pero fue la Dra. Rydolphina Menzel en los años 30 quién realizó su cría específica en Jerusalén dando origen a la raza de Canaan Dog, con todo el esplendor que hoy conocemos.

Características:
Es de pelaje corto pero abundante, liso y áspero, de ojos casi redondos y oscuros y cabeza ancha. Las orejas en alzada, de punta redondeada y origen amplio permaneciendo separadas. De tamaño medio, no suele alcanzar los 60 cm de altura y 25 Kg de peso.

Comportamiento:
Actualmente su desempeño nos ofrece gran versatilidad, siendo empleado como rastreador, en rescates, búsquedas y también como perro lazarillo o pastor.

Peculiaridades:

También denominado como Perro de Canaán, es un perro sumiso, trabajador y fácil de educar, que se adapta bien al hogar. Aprende su trabajo con gran rapidez. Se le considera un eficaz sustituto de las palomas mensajeras, así como un buen colaborar en las tareas de rescates de heridos en las confrontaciones bélicas o desastres meteorológicos.

Caniche mediano

Historia:

Su origen y características principales son comunes a las de todos los Caniches. Antiguamente se le empleaba en Alemania para atrapar patos en el agua. Su nombre proviene de la palabra canard que quiere decir pato, en alusión a que era un excelente cazador de piezas en pantano.

Características:

Su pelaje necesita de cuidados concretos y debe esquilarse periódicamente, pero a diferencia de otros Caniches, no muda el pelo, lo que le convierte en animal de compañía ideal para aquellas personas con alergia. Su cabeza es elegante, bien proporcionada y rectilínea, con dientes que encajan perfectamente y cráneo bien definido.

.

Comportamiento:
Es, sobre todo, un animal de compañía, y como buen perro de agua ideal para la guarda, de fácil trato y adiestramiento. Inteligente y audaz se le considera un perro de buen carácter, especialmente apto para concursos y exhibiciones.

Peculiaridades:
Empleados en la antigüedad para el circo y la búsqueda de trufas, en la actualidad son esencialmente animales de compañía. Inteligentes y juguetones, son muy afectuosos con sus amos y de fácil carácter. No es agresivo con los demás perros, no suele ladrar y es indiferente a los extraños. Se les realiza un corte de pelo tradicional con melena de león y cola rapada salvo un muñón final, labor que hay que realizar cada 4 semanas.

El **Caniche gigante** es un perro no mordedor, sociable y adecuado para estar con niños. En total existen cuatro tipos de caniche diferenciados por su tamaño y color.

Es importante no cruzarle con caniches consanguíneos, pues esto degeneraría la raza.

Cäo da Serra de Aires

Historia:

De origen portugués, es una de las razas más antiguas de la Península Ibérica, posiblemente descendiente de los antiguos mastines asiáticos. Se hizo popular durante la Edad Media. Denominado como perro mono, hay quien le considera un cruce con el Pastor de Brie.

Características:

Se trata de un perro robusto, con cabeza voluminosa y potentes extremidades de fuerte osamenta y musculatura. Sus ojos ovalados están dispuestos horizontalmente, tiene pequeñas orejas caídas y una gruesa cola. Su denso pelaje, que no duro, le hace apropiado para trabajar en las frías condiciones de la sierra.

Comportamiento:

Aunque es muy cariñoso con el amo, puede resultar bastante agresivo con los extraños. Su carácter dominante le capacita para defender el ganado, enfrentar a los lobos e incluso tirar de carros por los caminos rurales, pero es poco adecuado como perro de compañía.

Peculiaridades:

Trabajador, alegre y muy saludable, responde muy bien a los trabajos complicados siempre que tenga un amo capaz. Se adapta muy bien a cualquier lugar y circunstancia y solamente requiere ciertos cuidados en su pelaje, similar al de las ovejas.

Cavalier King Charles spaniel

Historia:

De origen incierto, posiblemente tiene los mismos antecedentes que el King Charles Spaniel. De hecho, es muy similar a éste, aunque tiene la nariz más pronunciada. Precisamente se hizo popular por su corta nariz y en la actualidad existe todavía una ley que le permite ir por todas partes.

Características:

Su cabeza muestra un stop poco marcado, hocico cónico y fosas nasales abiertas. Los labios superiores cuelgan ligeramente sobre los inferiores.

Ojos oscuros, no tan separados como sus congéneres, y largas orejas son otras de sus características.
Su cuerpo termina en una larga cola muy empenachada y el cuerpo está cubierto por un pelo largo y sedoso, ondulado pero sin rizos.

Comportamiento:

Vivaz y deportivo, este simpático perro de compañía posee olfato y vista finísimos, por lo que a veces se utiliza para la caza breve en la llanura. Sin embargo, está también dispuesto a hacerse un ovillo en el sofá de cualquier apartamento.

Peculiaridades:

Recreado frecuentemente en las pinturas de populares pintores, volvió a estar de moda en la mitad del siglo XX, llegando a superar en aceptación al King Charles de hocico corto. Es un perro muy amable y siempre pendiente de las personas, exigiendo solamente largos paseos y que le cuiden su pelo. Hay quien considera imprescindible amputarle la cola, aunque en algunas exposiciones se ven buenos ejemplares sin esta característica.

Chesapeake bay retriever

Historia:
Se creó en las costas de Maryland a partir de dos ejemplares de Terranova ingleses, llevados allí por un naufragio, y cruzados posteriormente con Retriever de la localidad. Esta nueva raza demostró ser muy válida para la caza en esos lugares, puesto que le entusiasmaba el agua y se adaptaba muy bien a lo ríos y terrenos pantanosos.

Características:
Tiene un cuerpo perfectamente proporcionado, con cuartos traseros bien musculados, extremidades fuertes y desarrolladas. Tiene un cuello ancho y poderoso y su cola, de sable, mide entre 30 y 35 cm. El cráneo es redondeado y amplio. Su hocico alargado es corto y puntiagudo, terminando en una trufa de grandes orificios. Los ojos de color marrón claro o amarillos transmiten seriedad. Las orejas colgantes son de tamaño medio. Su pelaje, tanto en la capa superior como en la inferior, es corto y denso, más lanoso en la inferior.

Comportamiento:
Su carácter es alegre y decidido, le gusta cazar y vivir en el campo. Es fiel con el hombre, amigo de los niños y confiado con los extraños, de fácil adiestramiento y obediencia.

Peculiaridades:
Acepta sin problemas la inmersión en aguas heladas gracias a su pelo grasiento y precisa pocos cuidados. Con una simple sacudida elimina toda el agua después de haberse mojado.

Chihuahua

Historia:

Originario de México, es la raza más antigua del continente americano y no fue importada a Europa hasta finales del siglo pasado. Se trata del perro más pequeño del mundo, y toma su nombre precisamente por el estado de Chihuahua. Actualmente no se permiten cruces con esta raza.

Características:

El Chihuahua es uno de los perros más pequeños que existen. Su cabeza es redonda, con hocico corto y puntiagudo, ojos redondos, relativamente grandes y saltones, y erguidas orejas inclinadas hacia fuera. Existen dos variedades: de pelo corto y de pelo largo.

Comportamiento:

En ambos casos, es el perro faldero por excelencia; cariñoso y fiel, se estremece al menor soplo de viento y disfruta reposando en el regazo de su amo. Supone un error tenerlo encerrado temiendo por su salud, pues también necesita realizar algún ejercicio físico.

Peculiaridades:

Aunque se les considera descendientes de los perros sagrados de los aztecas y que llegaron a América en barcos vikingos, es posible que en realidad sean parientes de los Podencos portugueses y fueran llevados hasta el continente americano por Hernán Cortés.

Si el animal está bien cuidado y ha recibido cariño, se comporta como un buen vigilante, seguro de sí mismo, atrevido y en ocasiones con fuerte carácter. No necesita de mucho espacio para vivir y moverse y acepta de buen grado permanecer en brazos de su amo.

El Terrier enano moscovita es un perro similar de gran popularidad en Rusia.

Chin

Historia:

Aunque físicamente es muy parecido al Pekinés, probablemente desciende del Spaniel del Tíbet. Venido de Japón, llegó a Europa en el siglo XVII. Parece ser que podía ponerse en formación como cualquier soldado.

Características:
Este pequeño animal se caracteriza por su cabeza, grande en proporción con el cuerpo, ojos grandes y oscuros, bastante separados, y las orejas pequeñas y ligeramente caídas hacia delante.

Comportamiento:
Tanto en su Japón original como en los demás países que ha visitado, el alegre Chin ha sido siempre acompañante de las familias nobles y ricas. Es un perro muy sensible, altanero, sumamente inteligente y que precisa muchos cuidados. Hay quien considera que incluso tiene la habilidad de meditar.

Peculiaridades:
Animal perteneciente a la nobleza nipona, solía disponer de lujosas jaulas de bambú, siendo alimentado con una dieta estrictamente vegetariana. Después de un cruce con el King Charles Spaniel, se convirtió en un animal alegre y de fácil adaptación a cualquier hogar. Nada agresivos con los demás perros, es lo suficientemente buen guardián como para cuidar a su amo. A cambio, solamente requiere que le limpien los ojos diariamente y le cepillen su pelo.

Chow-chow

Historia:
Se cree que el Chow-Chow es una raza antigua originaria de China que llegó a Inglaterra traído por mercaderes navegantes desde el oriente. Su primera referencia histórica en Europa se produce en el Reino Unido en 1780. Las primeras referencias de

este perro datan desde hace 2.000 años, aunque solamente se le clasificó cuando fue llevado a Inglaterra por la marina mercante y entregado un ejemplar a Eduardo VII.

Características:

Su aspecto imponente recuerda al de un león. Tiene un cuerpo robusto y musculoso, mientras que el pelaje denso, abundante y largo posee una capa inferior más corta y lanosa. Su ancha cabeza, similar a la de un oso, termina en un hocico en forma de cono con trufa negra. Las orejas son pequeñas, en triángulo, ligeramente redondeadas en las puntas. Los ojos oscuros y pequeños en proporción al resto de la cara.

Es muy llamativo el color azul violáceo de su lengua y mandíbula. La cola descansa suavemente enroscada sobre un costado. Los pies son pequeños con dedos curvos cubiertos de pelo corto.

Comportamiento:

En China se empleaba como perro de trineo y vigilante de carga, siendo, además, su carne y su piel muy apreciadas por los comerciantes.

Tiene fama de ser un perro serio e independiente, pero en realidad el Chow-Chow es esencialmente fiel a un solo amo. Se adapta mejor a ambientes tranquilos no sujetos a fuertes normas de obediencia. Su pelaje exige ciertos cuidados diarios en épocas de calor.

Peculiaridades:

Perteneciente a los spitz pesados, es un perro caprichoso que requiere una educación muy inteligente. De aspecto huraño, muestra este defecto solamente con los extraños, a quien gusta saludar con ladridos. Necesita especiales cuidados en los ojos y hocico, además de evitar que gane peso para que no se le rompan los tendones.

Collie de pelo corto

Historia:

De origen británico, surge del cruce entre el Collie de pelo largo y el Greyhound.

Características:

Su aspecto es idéntico al del Collie de pelo largo, posee su misma estructura corporal flexible y robusta, teniendo también el cráneo ancho entre las orejas y el hocico largo y redondeado.

Se diferencian en el pelaje, mucho más corto de aproximadamente dos cm de largo, menos brillante y denso.

Comportamiento:

Su carácter bondadoso e inteligente, más obediente que su hermano de pelo largo, le han convertido en un excelente compañero, adaptable a la vida en la ciudad y a los niños.
Posee un carácter muy equilibrado, se muestra voluntarioso para cualquier labor y es muy fácil de adiestrar.

Peculiaridades:
Claramente diferenciado del de pelo largo, no es muy apreciado, aunque posee todas las virtudes de aquél. Soporta muy mal los concursos de belleza y se encuentra plenamente feliz cuando tiene que realizar trabajos, como por ejemplo cuidad cualquier tipo de rebaño.

Collie de pelo largo

Historia:
Raza que surge con su aspecto actual a finales del siglo pasado en Gran Bretaña. Quizá tuviera en sus orígenes las patas y el hocico ligeramente más cortos. Las primeras referencias serias de esta raza datan del año 1.500, en cuya época los poetas ya cantaban romances sobre este perro.

Características:
Es un perro de porte elegante, flexible y robusto. En él destaca su hermoso pelaje, de textura dura, lisa, larga y muy abundante. La cabeza es amplia entre las orejas, con hocico largo, estrecho y redondeado, terminado en trufa siempre negra. Las orejas triangulares están semierguidas salvo cuando está alerta, mostrándose totalmente erguidas. Los ojos son de color marrón oscuro o avellano, suavemente almendrado y oblicuo. Las extremidades son más cortas en proporción a la largura del cuerpo; la cola, llevada baja, llega más abajo de los corvejones dibujando un pequeño remolino en la punta. El pelo es más largo en el cuello, papada y pecho, parte inferior del tronco y

posterior de las patas, cuartos traseros y cola, siendo muy corto, suave y fino en toda la cara y los dedos de los pies.

Comportamiento:

Empleado sobre todo como perro pastor, es muy utilizado también como perro de compañía, perro salvavidas o perro de defensa y lazarillo. Es aconsejable su adiestramiento, pero éste ha de ser suave y delicado.

u aspecto transmite una gran simpatía, lo que está acorde con su buen carácter. Acepta de buen grado dormir a la intemperie.

Peculiaridades:

Elegante y de bonitos colores, consiguió darse a conocer mundialmente gracias a la película "Lassie". Inteligente, afectuoso, familiar y adaptable a todo, puede ser empleado para cualquier trabajo y situación. Soporta perfectamente gracias a su pelaje los inviernos más duros.

Dálmata

Historia:

De origen incierto, se sabe que es una raza muy antigua, pues ya en los frisos griegos y los papiros egipcios aparecía representado. Hay también quien opina que fue originado en la India y llevado a Grecia por los mercaderes. Las primeras referencias serias sobre este perro datan del año 1.700, en las cuales hablaban de una raza de nombre Braco de Bengala de extraordinario parecido con los Dálmatas actuales.

Características:

Se trata de un perro musculoso, de gran hocico, stop moderado y trufa oscura. Sus ojos, también oscuros, son redondos y están bastante separados; las orejas, delgadas, aparecen caídas. Tiene un dorso relativamente largo y no muy ancho que termina en una fuerte cola que va adelgazando hasta terminar en una ligera curva hacia arriba. Está cubierto de un manto de pelo corto, duro y liso, de color blanco moteado en negro o en marrón; los cachorros son completamente blancos.

Comportamiento:
Sensible y adiestrable fue utilizado para pastorear ovejas, cazar aves y controlar los caballos que tiraban de los carros de bomberos. En la actualidad sirve como perro guardián y de salvamento; limpio y ordenado es muy valorado como perro de compañía.

Peculiaridades:
Alegre, vigoroso y muy amigable con los humanos, parece ser un juguete para los niños. Agraciado y poco agresivo, es un perro que necesita actividad y que gusta de realizar encargos. Los cachorros nacen blancos y las pintas le aparecen

después de unos días. Suelen tener cierta predisposición a la sordera.

Dandie Dinmont terrier

Historia:
Debe su nombre al protagonista de una novela de Sir Walter Scott de principios del siglo XIX, donde se le describe tal y como hoy lo conocemos. Se le ha relacionado históricamente como el perro de los gitanos del sur de Escocia del siglo XVII, resultado del cruce entre Bedligton, Scottish Terriers y Skye Terrier.

Características:
El Dandie Dinmont es un perro dotado de gran movilidad a pesar de que sus pequeñas patas, bien musculadas, tienen que sujetar un cuerpo de largura considerable. La cabeza es ancha con cráneo abovedado, tiene la trufa negra, y los ojos vivos y grandes de color marrón oscuro. Sus orejas, aparentemente invisibles, son pequeñas, caídas y de piel muy fina. La cola llega casi al suelo, está cubierta de pelo duro y se mantiene curvada. El pelo, una mezcla de duro y suave, envuelve generoso todo su cuerpo.

Comportamiento:
Como la mayoría de los Terriers es un buen cazador de roedores y habitantes de madriguera, pero destaca en él su adaptabilidad y su buen carácter. Es uno de los animales de compañía más queridos, acogiendo con buen agrado las alabanzas y los mimos.

Peculiaridades:
Pequeño, pero fuerte y muy valiente, es un perro muy apreciado por su especial carácter, comportándose muy arisco con los extraños y en ocasiones con los niños. Dotado de una fuerte voz, posee un pelo muy especial que hay que cepillar frecuentemente y arrancar varias veces al año.

Deerhound

Historia:

La historia sitúa su origen más remoto como cazador en distintos puntos de Escocia durante la Edad Media, extendiéndose más tarde por toda Gran Bretaña, aunque hoy quedan muy pocos ejemplares en este país. Sin embargo, en el sur de Africa sigue siendo una de las razas de perros cazadores más utilizada, legado del imperio británico.

Características:

Su cuello largo y ancho aparece cubierto de un pelaje más largo que el del resto del cuerpo. La cabeza es alargada, ligeramente alzada a la altura de los ojos, normalmente de color marrón oscuro, cuya mirada noble denota su carácter amable y obediente. Su cola es larga y ligeramente arqueada, de posición siempre baja. Sus fuertes patas terminan en cortos dedos. El pelaje es fuerte, abundante y casi siempre oscuro, más suave en el abdomen que en el resto del cuerpo.

Comportamiento:

Cariñoso, leal y obediente, navega siempre entre dos aguas, la timidez y la indolencia, comportándose de manera peculiar y diferente al resto de los perros.

Peculiaridades:

De fácil adaptación a los climas rudos, debemos su fama como perro aristócrata al poeta Sir Walter Scott quien se encargó de darle una aureola especial en sus libros. Ahora es un perro que gusta de correr largas distancias, incluso detrás de los caballos, pero se encuentra igualmente bien en el hogar, donde se comporta con tranquilidad y obediencia.

Deutscher boxer

Historia:

Fue creado en Alemania, en 1850, cruzando el Mastín Bullembeisser con el Bulldog. Siendo ambas razas tan agresivas, era de esperar que el Boxer mostrara los mismos instintos, sin embargo, la cuidada selección ha dado lugar a un perro escandaloso y juguetón. Se le considera por tanto la raza alemana producto del cruce con perro ingleses, y los primeros datos oficiales datan de 1.896.

Características:

Presenta una cabeza proporcionada, con la parte superior del cráneo ligeramente arqueada; trufa ancha, negra y respingona, con los orificios nasales bien abiertos; grandes ojos oscuros y orejas amputadas erguidas en la parte superior. La cola también la lleva amputada. La mandíbula inferior sobrepasa un poco la superior, cuyo labio es grueso y acolchado. En general, es un perro fuerte y musculoso.

Comportamiento:

Es dinámico y protector, útil como perro policía, de defensa o guía de personas ciegas. Su carácter divertido hace que se porte toda su vida como un cachorro, lo cual le hace excelente compañero de los niños, siendo también muy apreciado como perro de compañía.

Peculiaridades:

Gracias a su mandíbula saliente y poderosa es capaz de morder y respirar simultáneamente. Poco dado a ladrar, se muestra en ocasiones obstinado y necesita mucho movimiento y actividad. Es bastante sensible al calor y al frío, gastando muchas energías en su trabajo por lo que su apetito es insaciable. Tiene tendencia a engordar y esto le hace que tenga poca longevidad y que acuse con frecuencia enfermedades reumáticas.

Dingo

Historia:

Descendiente del Lobo de las llanuras indias, el Dingo llegó a Australia hace unos 4000 años y, debido a su aislamiento, no ha sido nunca totalmente domesticado. Por este motivo, es hoy en día un perro muy apreciado por su aspecto exclusivo y carismático. Personaje habitual en las películas australianas, aunque feo de aspecto su popularidad ha aumentado enormemente.

Características:

Se caracteriza por unos penetrantes ojos cuyo color oscila entre el amarillo y el naranja, orejas erguidas muy móviles y una larga cola. Al igual que el lobo, las hembras de Dingo sólo tienen un periodo de celo al año.

Comportamiento:

Aunque es un animal poco doméstico, en ocasiones sirvió de compañía a algunos grupos aborígenes australianos, que lo utilizaron también como centinela. Se mueve con agilidad en terrenos secos, soporta perfectamente la carencia de agua y es capaz de acompañar a su amo sin desfallecer en circunstancias penosas.

Peculiaridades:

Se le considera un perro algo salvaje, aunque inteligente y que se adapta perfectamente al terreno y al clima. Considerado un asesino de ovejas se le persiguió hasta casi su extinción, aunque ahora está recluido en zoológicos.

Dobermann

Historia:

Surge en Alemania a finales del siglo pasado a partir del cruce entre Rottweiler, Pinscher, Manchester Terrier, varias razas de pastores alemanes y Greyhound, entre otros. Su creador, un recaudador de impuestos alemán, pensó en desarrollar un perro de defensa ágil e imponente capaz de defenderle ante cualquier situación.

Características:

Su cuerpo fuerte y elástico es de gran belleza. Sus extremidades musculosas terminan en pies pequeños, pero bien preparados para la marcha. El pecho es profundo, con gran capacidad pulmonar, apto para la resistencia. La cola está amputada al igual que las orejas, aunque puede competir sin que éstas últimas estén cortadas.

La cabeza es alargada y estrecha. Los ojos oscuros son reflejo de su carácter seguro y decidido. Las orejas están pegadas altas y hacia atrás. El pelaje que envuelve todo su cuerpo es corto, duro, muy denso y suave. Su imponente dentadura está dispuesta en tijera.

Comportamiento:
Las hembras suelen ser más tranquilas y cariñosas, pero al igual que el macho, desconfiadas con los extraños. El macho, nervioso e impulsivo, necesita un adiestramiento más duro y enérgico.

Desde su creación, el Dobermann se ha utilizado sobre todo para la defensa y el ataque, siendo de gran ayuda en las guerras europeas de principio de siglo y como perro de defensa de diferentes cuerpos militares y policiales.

Peculiaridades:

Aunque fue creado en 1934 por el señor Louis Dobermann, nunca se supo qué perros cruzó para lograrlo. De fuerte arrojo y temperamento, no se asusta ante los disparos ni las explosiones y resiste los golpes sin lamentarse. Solamente acepta un amo en su vida, por lo que se recomienda acogerlos cuando son cachorros. Hay que educarlo para que no ladre y para que acepte la presencia de otros perros.

Dogo del Tíbet

Historia:

Originario de China, fue salvado de la extinción el siglo pasado por criadores británicos y es antecedente de la mayoría de los Mastines europeos. Poco habitual en Europa, es no obstante un perro muy apreciado por su peculiar personalidad.

Características:

Su ancha cabeza presenta ojos un tanto caídos, así como las orejas; cola grande y peluda y un abundante manto son también propios de este afable animal. Sus huesos son grandes y tiene una gran capacidad pulmonar, lo que le capacita para el trabajo pastoril en la montaña.

Comportamiento:

Durante siglos se utilizó en el Himalaya y el Tíbet para proteger el ganado, aunque en la actualidad es un perro casi exclusivamente de exposición, nada agresivo, pero no duda en defender su territorio.

Peculiaridades:

También conocido como Do-Khyi, es un animal de músculos poderosos, perfectamente adaptable a la montaña y al clima rudo. Su fortaleza le permite luchar incluso con osos, por lo que frecuentemente son atados con cadenas para evitar que no escapen. Muy agresivos con los extraños, requieren una educación muy comprensiva y constante.

English bull terrier

Historia:
Surge en Gran Bretaña en el siglo XIX cuando se efectuaban sanguinarios combates entre Bulldog y Toros. Su creador, James Hinks cruzó sangre de Bulldogs, viejos Terriers blancos y Sabuesos españoles. Era conocido antiguamente por el sobrenombre de "el gladiador de la raza canina".

Características:
Tiene un cuerpo robusto, lineal, ancho y fuerte, sujetado por patas muy rectas de gran osamenta. La cabeza es ovalada, dibujando una clara curva descendiente. Sin apenas stop, destaca en su cara una amplia mandíbula de dientes perfectos y grandes. Las orejas son triangulares de permanencia erguida. Su cola, de largura más bien corta, la lleva horizontal. Los ojos los tiene pequeños, oscuros y ovalados. El pelaje que envuelve su cuerpo es muy corto, áspero y duro.

Comportamiento:
De su carácter primitivo, fuerte, agresivo y decidido, preparado para matar, sólo queda un perro idóneo para la caza menor, para la defensa y obediente animal de compañía. Su aspecto, no obstante, sigue imponiendo respeto a causa de su fiera imagen.

Peculiaridades:
Aunque se le consideró extinguido, lo cierto es que su propagación nunca estuvo detenida, aunque ya no conserva sus cualidades como perro de peleas o depredador de ratas. Fácil de cuidar y de buena adaptabilidad en las ciudades, no sirve como perro faldero para damas. Paradójicamente, el English bull

terrier miniatura tiene un carácter más difícil y no es aconsejable dejarle solo con los niños.

English cocker spaniel

Historia:
Su primera huella en la historia data del año 1300. Posteriormente en el año 1800 se realizó la primera división entre el grupo de los Spaniel dando origen a siete razas diferenciadas, entre ellas, el English Cocker, o Cocker spaniel inglés, con características similares a las que guarda hoy. De origen español era utilizado como perro especializado en levantar caza.

Características:
El dorso dibuja una línea recta que termina en un cuello inclinado, largo y musculoso. El cráneo está suavemente abovedado, con stop marcado. Su hocico cuadrado posee labios superiores colgantes, dentadura a tijera y trufa de orificios bien desarrollados. Las orejas nacen a la altura de los ojos, son largas y caídas, cubiertas de pelo sedoso. La cola, en continuo movimiento, nace por debajo de la línea del dorso y suele ser amputada. Las extremidades, parcialmente ocultas por el pelo, son cortas, pero con gran osamenta y músculos fuertes, terminadas en pies redondos de dedos sólidos. Sus ojos son vivos y brillantes, de color pardo.
El pelaje envuelve todo su cuerpo formando franjas marcadas en las orejas, el pecho y la cola. Es de tacto suave, largura media, con una capa inferior protectora más corta y sedosa. Necesita de cepillados diarios y cuidados concretos en las orejas, sobre todo en época estival.

Comportamiento:
Valorado como perro de compañía, es amigo de los niños, sensible a los regaños y poco ladrador y agradable con los

extraños. Antiguamente se le utilizó para levantar la caza, especialmente en sitios de difícil acceso.

Peculiaridades:
Es un animal hábil para la caza, capaz de rastrear a distancia, perseguir con ladridos, enganchar a su presa incluso debajo del agua y luego llamar a su amo. También se le emplea para buscar narcóticos y explosivos, aunque su buen carácter le está relegando a ser un perro de familia. Solamente requiere una esmerada educación, vigilar su dieta y eliminar el pelo excesivo de las orejas.

English springer spaniel

Historia:
Es el Spaniel por excelencia, origen de todas las variedades de esta raza. Su primera referencia aparece en distintas obras pictóricas del Renacimiento. Aunque fue posteriormente en el 1.700 cuando alcanzó su mayor popularidad con su llegada a América.

Características:
Es un perro de patas muy largas, idóneas para introducirse en arbustos y zarzas. Su cuerpo es compacto y musculoso al igual que su cuello, mientras que su cola es corta de permanencia erguida. Tiene la cabeza abovedada y ancha, sus labios superiores cuelgan amplios, y su trufa es grande con orificios muy abiertos. Su mandíbula está bien desarrollada para la caza. Los ojos son marrones o pardos, de mirada afable. Las orejas son largas y están cubiertas de abundante pelo. El pelaje es muy largo, en la garganta, pecho y parte posterior de las patas.

Comportamiento:

Valioso perro de caza es, además, un buen compañero, muy alegre, honesto y valiente. Cuando se le pone a trabajar se muestra meticuloso, eficaz y sumamente rápido.

Peculiaridades:
De fino olfato, no duda en meterse en el agua si con ello consigue coger a la pieza abatida, adaptándose sin problemas al bosque y a la montaña. Requiere mucho cariño y constancia, lográndose así un perro afectuoso, dócil y sensible, especialmente con los niños.

Eskimo dog

Historia:
De origen siberiano fue importado a finales del siglo XIX a Groenlandia y Alaska donde gozan de gran popularidad. Este tradicional perro esquimal procedente de la Siberia Oriental, se adaptó rápidamente al trabajo en equipo para arrastrar trineos en ambientes árticos.

Características:
Su aspecto refleja fortaleza y agilidad. Tiene un cuerpo grande y simétrico, y las extremidades son musculosas y resistentes, terminadas en dedos almohadillados con un pelaje que le protege del frío. El cuello es de tamaño medio ligeramente inclinado. La cabeza alargada es muy similar a la del lobo. Las orejas son erguidas y puntiagudas, mientras que la mandíbula está muy desarrollada y los ojos de forma almendrada son oscuros. La cola, cubierta de largo pelo, está dispuesta en anillo pegada al dorso. Su pelaje está compuesto de una capa inferior con un manto de grasa natural que impide el paso del frío extremo, y encima de esta capa hay otra de pelaje más largo y duro.

Comportamiento:

El Eskimo dog requiere de un fuerte adiestramiento para la obediencia y el reconocimiento de sus superiores humanos. Puede soportar muchos grados bajo cero y recorren distancias de hasta 40 Km sin parar.

Aunque su carácter es dócil e incluso cariñoso, no logra adaptarse totalmente a la vida como animal de compañía. Como descendiente de la familia de los lobos su ladrido rara vez se oye, pero sus aullidos en conjunto con su manada son más frecuentes.

Peculiaridades:
Muy eficaz en climas helados, este amistoso perro es conocido también por Husky. Su largo manto de pelo posee una subcapa impregnada de grasa natural que impide que la humedad y el frío puedan llegar a la piel, pudiendo soportar temperaturas de hasta menos 70°.

Pharaon hound

Historia:
Hay muchas posibilidades que esta raza tenga su origen en Oriente Medio más concretamente en la península Arábiga. Los encargados de que llegaran a las costas mediterráneas y más concretamente, que permanecieran de forma aislada sin sufrir grandes cambios evolutivos, fueron los comerciantes fenicios y cartagineses quienes los trasladaron a islas como Malta, Sicilia o las Baleares. Gran número de estos ejemplares más tarde se desarrollaron también en las costas mediterránea de Francia, España e Italia, teniendo su máximo interés para los criadores de perros en los años 60.

Características:
De su estilizado cuerpo, claramente apto para la caza, destacan sus largas patas terminadas en pies fuertes de dedos y uñas

claros. Posee una larga cola de nacimiento ancha y un pecho profundo y claro desde cuyo final se advierte los hombros de tendencia trasera. El largo cuello sensiblemente inclinado termina en una cabeza alargada, con puntiagudas orejas que se muestran erguidas cuando su estado es vigilante. Los ojos de color caramelo y ligeramente almendrados están bastante juntos, lo que le proporcionan junto a su desarrollado sentido del olfato y oído grandes aptitudes para la caza. El corto pelaje de color rojizo que envuelve su cuerpo requiere escasas atenciones. Su nariz de color rosácea se vuelve rojiza ante situaciones de peligro o excitación.

Comportamiento:
Se trata de un perro simpático, alegre y muy amigo de los juegos, al que es fácil educar.

Peculiaridades:
Este Perro de los faraones o Kelb tal fenek, es un simpático perro de compañía, amante de los juegos. Leal y dócil, necesita correr diariamente y suele delatar su nerviosismo porque se le enrojece la nariz.

Field spaniel

Historia:
Pariente directo del Cooker Spaniel, se le reconoce por primera vez en 1892, pero su cría indiscriminada desvirtuó la raza, recuperándose en 1960 con el aspecto actual. Se considera que este perro proviene de razas españolas que fueron importadas a Gran Bretaña en pasadas épocas.

Características:
Su cuerpo largo está sostenido por extremidades más bien cortas. Tiene un pelaje brillante, de tacto agradable, con pelo más largo en las orejas, parte posterior de las extremidades y pecho. Su cráneo es amplio, de tendencia cuadrada, y el hocico

bien proporcionado termina en trufa oscura de orificios muy abiertos. Los ojos, de marrón variado, reflejan una mirada atenta y bondadosa. Tiene unas orejas colgantes, de tamaño grande y nacimiento bajo. La cola puede ser recortada en los perros de trabajo y se mantiene casi siempre baja. Llaman la atención sus pies redondos, cubiertos de pelo corto entre los dedos.

Comportamiento:

Sus cualidades están dirigidas a la caza menor y trabajos en el campo abierto, pero su bondad y rápida adaptabilidad a la familia le han convertido en un animal de compañía apreciado. Su carácter tenaz e incansable se muestra especialmente útil en ambientes difíciles, en los cuales tiene que demostrar una gran pericia.

Peculiaridades:

Posee un buen olfato incluso en terrenos difíciles, aunque necesita una educación bien dirigida porque es muy terco. Al tratarse de un animal muy sensible y emotivo con los malos tratos, requiere ser educado con cariño si queremos que sea eficaz en su trabajo.

Foxhound

Historia:

Surge del cruce a partir del siglo XV de razas como el Bulldog y el Fox Terrier. Procedente de Gran Bretaña hay quien piensa que en realidad es una mezcla de varios sabuesos cruzados posteriormente con otros perros. Estos complejos cruces son los que le han proporcionado gran fuerza y velocidad.

Características:

De gran belleza física, con una línea estilizada, vigorosa y consistente, posee una gran estructura ósea cubierta de una firme musculatura. Su cabeza es ancha y alargada y su cuello alto e inclinado. Las orejas de posición trasera son largas, suaves y caídas. Los ojos, algo distanciados entre sí, de color avellana, reflejan una mirada serena. El pelaje es corto, fuerte y liso. La cola, ligeramente curvada, mantenida en alza.

Comportamiento:
Aprovechando su capacidad para la carrera fue muy utilizado en las cacerías del zorro o jauría. Su aguante puede prolongarse durante más de seis horas sobre terrenos abruptos y pedregosos. Por su carácter dócil y amigable se ha descubierto como un excelente animal de compañía, aunque aún no muy frecuente para este fin.

Peculiaridades:
Sigue siendo el perro ideal para las cacerías británicas puesto que rastrean perfectamente. Las nuevas tendencias sobre respeto a los animales hacen que empiece a ser considerado un buen perro hogareño, aunque hay que procurar que haga mucho ejercicio y darle cariño.

El **American foxhound** es algo mayor que el europeo y conserva todas las cualidades para la caza. No se le considera un perro familiar y se le cría casi exclusivamente para exposiciones y cacerías.

Galgo español

Historia:
Se cree que fueron los moros, cuando invadieron la península ibérica, los responsables de la presencia y desarrollo en España de esta raza. Afortunadamente es una raza que se ha procurado mantener pura sin cruces, tal y como se representa en las tumbas de los faraones y en las Sagradas Escrituras.

Características:
Sus patas son largas y con fuertes músculos. El cuello ancho y largo termina en una cabeza alargada con orejas caídas, bajas y traseras. Los ojos de color marrón oscuro son ovalados, de viva y penetrante mirada. Tiene una peculiar cola fina y muy larga que casi siempre guardan entre las patas. Su pelaje originariamente áspero hoy se muestra muy corto y suave. En carrera pueden llegar a alcanzar incluso los 48 km/h.

Comportamiento:

Aunque con aptitudes para la caza, actualmente el galgo español es utilizado como perro de compañía, de carreras o exhibición

Es un perro de carácter independiente y tímido, difícil de domesticar pero fiel a su amo. Su cría exige grandes espacios que favorezcan su agitada movilidad.

Peculiaridades:

Resistente y buen cazador, se muestra tranquilo y cariñoso con su amo, aunque algo agresivo con los extraños. Actualmente y con el declive de las carreras de galgos, se le emplea para la caza aunque esto acorta su vida.

Golden retriever

Historia:

Tiene su origen a finales del siglo pasado en Gran Bretaña, surgiendo del cruce entre Retriever de pelo liso y de los antiguos Tweed Water Spaniel. Hay otras teorías que también lo emparientan con el Bloonhound y algunas razas no identificadas pertenecientes a circos rusos que llegaron a Inglaterra hacia la mitad del siglo XIX.

Características:

Su cuerpo es compacto, robusto y fuerte, de gran osamenta y musculatura. Su hocico es amplio y potente con stop marcado. La mandíbula está dispuesta en tijera y sus labios inferiores, de color muy oscuro, cuelgan ligeramente, lo mismo que las orejas que forman un pequeño pliegue. Sus párpados oscuros resaltan del pelaje de tonalidades marrones claras y canela. Los ojos son oscuros de mirada tranquila y bondadosa. La cola es fuerte y ancha. El pelaje, que puede ser liso u ondulado, posee una capa inferior que le protege del agua.

Comportamiento:

Su carácter familiar ha hecho que se le valore para la compañía por ser obediente y afectuoso. El sentido del olfato lo tiene muy desarrollado, útil para la caza tanto en tierra como en el agua. En los juegos se comporta afectuoso, dulce y simpático, lo que le hace ser un perro especialmente para estar en familia.

Peculiaridades:

Aparentemente tranquilo, permanece, sin embargo, totalmente atento y con ganas de aprender y trabajar. Se le emplea con frecuencia como perro para ciegos por su gran obediencia y carácter estable, siendo paciente y buen amigo de los niños. Su pelo liso requiere que se le cepille con frecuencia.

Gos d'atura català

Historia:

Tiene su origen en España y está posiblemente emparentado con el Pastor de los Pirineos. Por este motivo hay quien piensa que este perro es en realidad una raza descendiente de granjeros del sur de Francia.

Características:

Comúnmente utilizado para el pastoreo y la guarda de ganado, se caracteriza por su denso pelo, largo y ondulado, que le cubre todo el cuerpo. Presenta bigote y barba que casi cubren su nariz y labios, completamente negros. También cubiertas de pelo son sus orejas, altas y puntiagudas; tiene los ojos muy juntos.

Comportamiento:

Aunque es un perro adiestrable y obediente, presenta en algunos casos un carácter muy independiente, especialmente los machos. Se encuentra especialmente a gusto con el ganado lanar, incluso cuando él solo tiene que manejar más 1.000 cabezas. Dotado de una inteligencia poco común no necesita apenas entrenamiento. Por desgracia, es una raza en vías de extinción.

Peculiaridades:

Perro dotado de barba y bigote, y del cual existen dos variedades que se diferencian por la longitud de su pelaje, se le conoce también como Perro pastor catalán. Tiene especiales aptitudes como mensajero y guardián.

Gran bleu de Gascogne

Historia:

Es una raza traída por los mercaderes fenicios a Francia, depurada con el cruce de otras razas, principalmente de Bloodhound. Actualmente podemos encontrar ejemplares de Gran Bleu de Gascogne por toda Europa y América, siendo considerado como el mejor de los sabuesos del mundo. Toma su nombre precisamente por el color de su manto de un bonito azul apizarrado.

Características:

De gran tamaño, tiene una estructura fuerte y musculosa, con sus extremidades que terminan en pies ovalados de largos dedos y almohadillas negras. La cabeza es alargada de cráneo convexo. Las orejas anchas y largas, cuelgan formado peculiares pliegues en la parte trasera de la cabeza. Como la mayoría de los sabuesos más antiguos, poseen unos amplios labios colgantes y tienen unos ojos de color castaño de mirada melancólica y afable. El pelaje que envuelve su cuerpo está moteado de manchas negras sobre un fondo mezclado de pelo negro y blanco, mientras que una gran mancha de color negro cubre las orejas y los ojos a modo de antifaz.

Comportamiento:

Su utilidad está centrada en labores de rastreo para la caza menor. En este trabajo se muestra pertinaz y audaz, mientras que en el hogar su carácter es aristocrático, dulce y afectuoso, aunque este parece no ser su ambiente ideal.

Peculiaridades:

Posee un gran olfato para la caza del jabalí y el corzo, aunque ahora se le prefiere para buscar la liebre por su excepcional olfato y su ladrar contenido que indica con precisión el lugar de la pieza. El Gran gascon saintongeois es otro perro tipo sabueso, igualmente negro y blanco, que también se emplea para la caza.

Greyhound

Historia:

Su origen más lejano se ha situado en Egipto, donde aparece en varias esculturas y pinturas de esta civilización. También posiblemente sea un descendiente Lebrel árabe que fue traído a Europa por navegantes fenicios, y que posteriormente los ingleses le han cruzado hasta convertirlo en un buen perro de caza y carreras.

Características:

De aspecto fino pero musculoso y pelaje corto, posee un largo y delgado cuello, una caja torácica amplia, de patas anteriores largas y rectas, y orejas pequeñas en forma de rosa. Su cabeza larga con hocico cincelado, puntiagudo y negro contiene poderosas mandíbulas con una dentadura igualmente fuerte.

Comportamiento:

Es el perro corredor por excelencia, muy utilizado para la caza o en las carreras en los canódromos en donde alcanza con facilidad los 60 km/h.

Además, el Greyhound posee un carácter obediente y tranquilo por lo que es muy común verle de animal de compañía, principalmente en el Reino Unido.

Peculiaridades:
Es el pura sangre de los perros y hay quien ha asegurado que puede alcanzar los 100 km/h, cifra indudablemente exagerada. Lo cierto es que caza con facilidad a las liebres y en las carreras es una apuesta segura. Afectuoso, cariñoso, fiel y tranquilo, no es correspondido frecuentemente por sus amos, quienes prefieren sacrificarlo cuando ya no es el mejor en las carreras.

Griffon de Bruselas

Historia:
Creado en Bélgica a partir del cruce entre Affenpinscher, Carlino, Yorkshire, Schnauzer enano y Carlino. Durante muchos años ha gozado de gran popularidad en Bélgica y hoy se disputa el puesto de favorito con varios tipos de Terrier. También hay quien piensa que en realidad se trata de un cruce entre el Terrier Doguillo y el Petit Brabancón.

Características:
Es un perro muy pequeño, pero de un aspecto corporal de fuerte osamenta y marcados músculos. La cabeza es ancha de cráneo convexo. El hocico es recortado con trufa negra y barbilla grande y marcada. Los ojos vivos y oscuros están siempre atentos. Las orejas, semierguidas, están recortadas en triángulo. La cola la tiene amputada a dos tercios de su tamaño. El pelaje puede variar, puede ser corto (en el caso del Pequeño Brabantino), típico Carlino, o largo y áspero más propio del Griffon belga.

Comportamiento:

Afectuoso, inteligente y vivaz, posee no obstante un carácter variable e imprevisible. Su ladrido puede llegar a ser molesto y no cesa hasta que no se le hace caso. Criado actualmente para matar bichos en los establos es, no obstante, un buen perro de compañía atractivo y alegre.

Peculiaridades:
Su gran peso al nacer produce partos complicados, lo que aconseja una esterilización masiva hacia las hembras. Su parte más sensible es el hocico, el cual debe ser limpiado frecuentemente, lo que no impide que ronquen fuertemente cuando duermen y en ocasiones simplemente al respirar. De gran longevidad, gustan de jugar y correr, considerándoseles como muy afectivos y extraordinarios vigilantes.
El Griffon belga es el resultado del cruce con un English toy spaniel, mientras que el Petit brabancon posee mezclas del Carlino.

Groenendael

Historia:
De origen belga es hoy una de las cuatro razas de pastores belgas reconocidas. Un criador belga, Nicholas Rose, obsesionado por la purificación de razas nativas creó el Groenendaler tal y como lo conocemos hoy. A pesar de ser un perro muy antiguo la raza no fue clasificada hasta 1.891, momento en el cual se dividieron los pastores belgas en función de su pelo corto, duro y de color.

Características:
De aspecto fino pero musculoso y pelaje corto, posee un largo y delgado cuello, una caja torácica amplia, de patas anteriores largas y rectas y orejas pequeñas en forma de rosa.
Su aspecto, muy similar al del pastor alemán, es robusto y fuerte, con extremidades un poco más largas. La cabeza,

también algo convexa, tiene el hocico largo y estrecho terminado en trufa negra. Las orejas son altas y erguidas, de forma triangular, y los ojos, de color marrón oscuro, transmiten inteligencia. Los pies tienen dedos definidos con almohadillas grandes y duras. La cola es larga y está bien empenachada. Su pelaje es largo, denso y abundante, siempre de color negro, de más largura en el cuello, parte posterior de las patas y la cola.

Comportamiento:
Es un perro idóneo para la vigilancia, la búsqueda y la defensa de las personas y propiedades. Su adiestramiento debe empezar a los pocos meses de nacer, se adapta bien a la vida familiar y le gusta jugar con los niños.

Peculiaridades:
Perro pastor de mediano tamaño, manifiesta un gran cariño hacia sus amos, siendo por ello buen vigilante. Se le conoce también como Pastor belga, y la actual selección trata de hacerle algo menos tímido.

Grosser schweizer sennenhund

Historia:
De nacionalidad suiza, tiene su origen en la Edad Media, cuando acompañaba a los soldados en el combate. También era utilizado por los carniceros para conducir el ganado.

Este gran Bouvier suizo ha sido educado más recientemente para templar su agresividad y lograr un buen temperamento.

Características:
De aspecto fino pero musculoso y pelaje corto, posee un largo y delgado cuello, una caja torácica amplia, de patas anteriores largas y rectas y orejas pequeñas en forma de rosa.

Es un perro de gran porte, robusto y de constitución fuerte, con patas musculadas apoyadas en pies cortos y redondos. Su cabeza presenta manchas simétricas en blanco y rojo herrumbre, pero la trufa y los labios son siempre negros. Sus ojos están rodeados por unos párpados ceñidos y son de color pardo, con orejas y cola siempre caídas.

Comportamiento:

Perro fiel, ha sido utilizado como guardián y guía de ganado, pero su mayor función es perro de defensa. Necesitado de amplios espacios, es poco apto para la vida urbana. Aunque muestra buen temperamento con las personas, puede ser problemático con otros perros.

Peculiaridades:

Se le ha empleado para tirar de carros ambulantes por su fuerte resistencia y salud, aunque si flaqueaba era sentenciado a ser comido por su propio amo. Insensible al frío, demuestra un carácter tranquilo y nada agresivo, pero amante de proteger a su amo. Paciente con los niños, necesita estar al aire libre y ejercitar su olfato.

Hamilton stövare

Historia:

Se creó en Suecia a finales del siglo XIX cruzando el Foxhound, y varias clases de Beagles, Holstein o Curlandia. Se trata de un sabueso que lleva el nombre de su criador y que fue empleado intensamente para trabajos en terrenos nevados y la caza del reno.

Características:

De aspecto fino pero musculoso y pelaje corto, posee un largo y delgado cuello, una caja torácica amplia, de patas anteriores largas y rectas y orejas pequeñas en forma de rosa.

Su magnífico aspecto fuerte y resistente lo dota de gran elegancia en la carrera. Sus extremidades son largas y musculosas, terminadas en pies almohadillados con dedos bien desarrollados. La cola ancha tiene forma de sable. Su cabeza alargada y cuadrada termina en un hocico negro con amplios orificios. Su impresionante dentadura se ha desarrollado en forma de tijera. Sus ojos marrones denotan seguridad y las orejas alargadas caen traseras a ambos lados de la cara. El pelo que cubre su cuerpo se vuelve especialmente espeso en invierno, tapando completamente su pelaje interior más suave y corto.

Comportamiento:
Por su carácter agresivo y decidido es ideal para la caza mayor, pero también se emplea para la compañía, sobretodo en los países escandinavos. Tiene una mandíbula que le permite morder fuerte, así como una dentadura sólida apta para no soltar a su presa.

Peculiaridades:
Capacitado para el rastreo en cualquier terreno y sin que le afecte el clima, suele ladrar cuando encuentra su presa o una persona accidentada. Se le conoce también como Foxhound sueco.

Hovawart

Historia:
De origen alemán, fue muy conocido en la Edad Media como perro de guarda. Sus orígenes más fidedignos datan del año 1.200 en los cuales se le menciona como un cruce con los perros de guarda de los montes del Schwarzwald.

Características:

De aspecto fino pero musculoso y pelaje corto, posee un largo y delgado cuello, una caja torácica amplia, de patas anteriores largas y rectas, y orejas pequeñas en forma de rosa.

Es un perro robusto, de ladrido fuerte, con la frente ancha y orejas implantadas en la parte superior de la cabeza, triangulares y caídas. La trufa suele ser negra y la cola, bien empenachada, se extiende hasta el corvejón y todo su cuerpo está cubierto por un manto de pelo largo y suave.

Comportamiento:

Inteligente, adiestrable y obediente, es un perro familiar y afectuoso.

Muy resistente a la intemperie, es especialmente útil en la guarda de jardines y casas de campo. Es importante que el adiestramiento no comience a edades muy tempranas, puesto que de hacerse así se deformaría su alegre y bonachón carácter.

Peculiaridades:

Vigilante, casero y sociable, es un perro que necesita bastante ejercicio. Adecuado para deportes y salvamentos de personas, especialmente en la nieve. Necesita ser útil y trabajar junto a su amo, siendo un perro digno de confianza que gusta también de jugar y aceptar las bromas.

Siberian Husky

Historia:

Fue llevado a Estados Unidos, concretamente a Canadá, desde su lugar de origen en Siberia a principios de este siglo. Criado por los nómadas Chukchi de Asia Nororiental para controlar y reunir los renos, fue posteriormente más popular por sus éxitos en las carreras de trineos.

Características:

De aspecto fino pero musculoso y pelaje corto, posee un largo y delgado cuello, una caja torácica amplia, de patas anteriores largas y rectas y orejas pequeñas en forma de rosa.

De aspecto fuerte, elegante y ligero, tiene el cuerpo cubierto de un gran pelaje, más denso y lanudo en su capa inferior, idónea para soportar bajas temperaturas. La cola, también muy cubierta de pelo largo, necesita de ciertos cuidados en la época de muda. Sus patas son musculosas y muy ágiles. La cabeza ancha y alargada con las orejas altas y erguidas. Los ojos pueden ser de cualquier color desde azules a marrones.

Comportamiento:

Su carácter es cariñoso y tranquilo, rara vez ladra, pero suele participar en aullidos colectivos como los lobos. En Alaska es muy popular su utilización como perro de tiro en las carreras de trineos. También es excelente como perro de compañía.

Peculiaridades:

Lo podemos encontrar bien descrito en las aventuras de Jack London, aunque frecuentemente es confundido con el Malamute y el Eskimo dog. Necesita de un buen entrenamiento para lograr que sea eficaz tirando trineos. Tuvo un buen comportamiento durante la II Guerra Mundial en sus labores de rescate y búsqueda de heridos.

Irish terrier

Historia:

Su primera referencia data del siglo XVIII en Irlanda. Ha sido utilizado para la caza de nutrias, ratas y otros animales de madriguera. Fue perro mensajero de guerra desafiando sin miedo al peligro. También se conocen datos sobre él desde hace 2.000 años, aunque no vemos dibujos exactos hasta varios siglos después.

Características:

De aspecto fino pero musculoso y pelaje corto, posee un largo y delgado cuello, una caja torácica amplia, de patas anteriores largas y rectas, y orejas pequeñas en forma de rosa.

Es similar al Fox Terrier de pelo duro, aunque su cuerpo bien proporcionado dibuja una estructura fuerte y musculada. Tiene el cráneo plano y el hocico alargado y cuadrado, la trufa negra y las orejas triangulares caídas hacia delante. Los ojos, como los de la mayoría de los Terrier, son pequeños, despiertos y oscuros. Su potente mandíbula en tijera está oculta por un manto de pelo. Tienen la cola amputada y el pelaje, siempre de color rojizo, es corto, muy duro y tosco.

Comportamiento:
Hoy se emplea principalmente para la compañía, aunque en Irlanda sigue siendo útil para la caza menor. Tiene tendencias agresivas incontroladas con otros perros, aunque un adiestramiento severo evita situaciones inesperadas.

Peculiaridades:
Denominado popularmente como "diablo rojo" es un valiente cazador de tejones, hasta el punto de sucumbir si no logra ganarle. Esta capacidad para luchar sin tregua hizo que se le empleara como perro de lucha, aunque poco a poco demostró que en realidad era un perro inteligente y cariñoso que solamente necesita un buen aprendizaje.

Irish wolfhound

Historia:
Cazador de lobos para los celtas, llevado a Irlanda a través del mar por los romanos, y recuperado al borde de su extinción en la segunda mitad del siglo pasado, se convirtió en una raza más fuerte gracias a las mezclas efectuadas con Derhound, Dogo y Worfhound más puros.

Características:
De aspecto fino pero musculoso y pelaje corto, posee un largo y delgado cuello, una caja torácica amplia, de patas anteriores largas y rectas, y orejas pequeñas en forma de rosa.
Sus extremidades son musculosas y largas. Su tórax es profundo y su cuello ligeramente inclinado. La cabeza es alargada con orejas de tendencia trasera. Los ojos de color ámbar están

parcialmente tapados por el pelo que surge de la frente. El pelaje es áspero y largo y la cola casi siempre baja es suavemente curva.

Comportamiento:
Por su carácter dócil y cariñoso, su utilización se ha limitado a perro de compañía, aunque debido a su capacidad de carrera es, en ocasiones, utilizado para la caza. Tras un duro adiestramiento y su fuerte sentimiento de fidelidad, puede llegar a ser un peligroso perro guardián con gran habilidad para ser presa en el cuello de sus víctimas.

Peculiaridades:
Majestuoso, tranquilo y bueno con los niños, necesita dar largos paseos y efectuar saltos, aunque no debe realizar muchos esfuerzos hasta que no sea adulto.

Keeshond

Historia:
De origen holandés, su primera referencia data del siglo XVI, pero es en Estados Unidos y Gran Bretaña donde hoy tiene su mayor reconocimiento. Se piensa que tiene cruces de Samoyedo, Chow-Chow, Pomerania y Lkhound, y aunque fue un perro sin prestigio durante varios siglos alcanzó gran notoriedad desde principios del siglo XX.

Características:
De aspecto fino pero musculoso y pelaje corto, posee un largo y delgado cuello, una caja torácica amplia, de patas anteriores largas y rectas, sus orejas son pequeñas en forma de rosa.
Su aspecto no difiere en ninguna característica del resto de los Spitz. Lo más destacable en su parecido al lobo en las tonalidades de su pelaje. El cráneo es claramente cuneiforme, y las orejas pequeñas, erguidas y puntiagudas están muy

próximas. Sus ojos de tonalidades oscuras reflejan una mirada viva e inteligente.

Como en la mayoría de los Spitz, los dedos de los pies están cubiertos de pelo que les protege del frío. Alrededor del cuello el pelaje se vuelve más fuerte y abundante, también en la cola el pelo es largo y espeso.

Comportamiento:
Por su carácter fiel y amistoso es utilizado como perro guardián o de compañía. Sumamente presumido, vivaz e inteligente es un perro con mirada atenta a quien no se le escapa ningún detalle. Se acomoda perfectamente a la vida en barcos, lo mismo que a vivir en grandes ciudades.

Peculiaridades:
Conocido igualmente como Spitz lobo o Spitz holandés, sus ojos dan la impresión de que llevan gafas oscuras. Con su magnífico manto de pelo espeso y duro, que necesita pocos cuidados, consigue tener una apariencia muy interesante.

King Charles spaniel

Historia:
Aunque el origen de la raza no está muy claro, la variedad actual proviene de la Gran Bretaña del siglo XVII y debe su nombre a Carlos II Estuardo, su principal propulsor. Sumamente protegido por las leyes inglesas, es muy popular por la expresión simpática de su rostro gracias a su corta nariz.

Características:
De aspecto fino pero musculoso y pelaje corto, posee un largo y delgado cuello, una caja torácica amplia, de patas anteriores largas y rectas y orejas pequeñas en forma de rosa.

Su hocico es cuadrado y aplastado, con una trufa oscura y respingona y las fosas nasales muy abiertas. Sus grandes ojos están muy separados y las largas orejas, bien empenachadas, cuelgan hacia las mejillas. Le cubre un manto de pelo largo y sedoso.

Comportamiento:

Cariñoso y sociable, se muestra tímido con los extraños, aunque enseguida traba nuevas amistades. No ladra casi nunca, por lo que no es apto como perro guardián. Buen compañero, se queda muy triste si le dejan solo.

Peculiaridades:

Con su pelo corto y la cola amputada, ese pequeño animal ha servido esencialmente para calentar los pies a las personas en épocas invernales. Para muchos reyes y reinas fue el perro predilecto, aunque ahora se prefiere el Cavalier King Charles. Hay que cepillarlo frecuentemente y no forzarle a que juegue con extraños.

Labrador retriever

Historia:

De origen canadiense, de la región de Terranova, llegó a Inglaterra por la ruta del comercio del bacalao. Actualmente es el perro familiar más extendido por todo el mundo, y en sus camadas se puede ver frecuentemente algún cachorro amarillo lo que ha contribuido eficazmente a su popularidad.

Características:

Es un perro de cuerpo corto pero muy robusto, y su pecho profundo y ancho alberga potentes pulmones que le hace resistente. Sus patas, de gran osamenta, son musculosas y fuertes. La cola "de nutria" tiene una largura media y se mantiene en forma de sable. La cabeza es ancha, con stop bien marcado. Las orejas son colgantes pegadas a unas mejillas marcadas. Destaca su mandíbula potente en forma de tijera, apta para el apresamiento. Los ojos suelen ser marrones oscuros de forma ovalada. Tiene un subpelo que le protege de la humedad, mientras que su pelaje liso es duro, denso y corto, más largo y abundante en la cola.

Comportamiento:
Su carácter atrevido y vivaz, además de su desarrollado olfato, le proporcionan cualidades excepcionales para la caza, pero es, sobre todo, un buen compañero para toda la familia. Le podremos emplear con eficacia en labores que impliquen arrojarse bruscamente al mar o para trabajar con pescadores.

Peculiaridades:
Especialmente apto para meterse en el agua, también se le reconocen cualidades para localizar drogas, encontrar a personas en las minas hundidas, rescate en terremotos y como guía de ciegos. Tranquilo y nada agresivo, es adecuado para estar con niños y la familia.

Lhasa apso

Historia:
Criado durante siglos por los tibetanos, el Lhasa apso se utilizaba como guarda del interior por su tendencia a ladrar agresivamente ante algo desconocido. No llegó a Occidente hasta el siglo XX y desde entonces ha sido considerado un buen perro familiar y leal.

Características:
De pequeño tamaño, tiene ciertas semejanzas con el Terrier del Tíbet y el Shih Tzu, con los que al principio se emparentaba. Con trufa negra, orejas caídas y cola respingona,

se caracteriza fundamentalmente por el pelo largo y pesado que cubre todo su cuerpo.

Comportamiento:

Compañero de los monjes durante tanto tiempo, hoy es animal de compañía también en otras partes del mundo. Muy alegre y adaptable a cualquier persona solamente requiere un gran esmero en cuidarle su complicado y largo pelo, muy lacio en la parte superior.

Peculiaridades:

Animal orgulloso y con cierto comportamiento aristocrático, gusta de ser el centro de la atención, mostrando un gran orgullo que le proporciona parte de su atractivo, a lo que hay que sumar peculiar pelo dorado con mezclas de negro y humo.

Malinois

Historia:

A finales del siglo pasado la escuela veterinaria belga tomó esta raza como punto de partida para la clasificación de los perros pastores belgas.
Fueron los hermanos Huyghebaert quienes le pusieron inicialmente el nombre de Pastor Belga de pelo corto Malinois.

Características:

Es muy similar al perro pastor alemán, su cuerpo es robusto, bien musculado y proporcionado. Posee el hocico ligeramente más largo que el cráneo, máscara negra en la cara y trufa de orificios muy abiertos. Los ojos son suavemente almendrados de color marrón oscuro, las orejas triangulares erguidas y la cola, muy cubierta de pelo, llega más abajo de los corvejones. Su pelaje liso, denso y corto, forma una capa protectora perfecta.

Comportamiento:
Se dice que es más resistente y potente que el perro pastor alemán, e incluso éste está siendo sustituido por el Malinois en funciones de pastoreo, ayuda policial, como perro guardián etc. Es aconsejable un adiestramiento fuerte debido a cierta tendencia a morder.

Peculiaridades:
Conocido también como Mechelaer y Pastor belga, es de color rojo pardo, con antifaz negro. De comportamiento y apariencia parecida al Pastor Alemán, requiere, no obstante, un adiestramiento más severo y hacerle dar largos paseos para mantenerle con buena salud.

Manchester terrier

Historia:
Se creó en Manchester el siglo pasado cruzando Terrier oscuros con Lebreles italianos. Conocido anteriormente como Terrier negro o castaño, se cree que ha sido cruzado con el Doberman y el Galgo Italiano, lo que parece posible dada su apariencia y especialmente por su pelo liso y el lomo ligeramente arqueado.

Características:
Su aspecto es elegante, de musculatura alargada y consistente. El pelaje que envuelve todo su cuerpo es corto, áspero y duro. El dorso está suavemente curvado y la cola, sin amputar, es delgada y no demasiado larga. El cráneo es cuneiforme mientras que las orejas en forma de "v" se doblan hacia delante. Sus ojos, ligeramente almendrados, son pequeños y oscuros. La mandíbula en forma de tijera está muy desarrollada.

Comportamiento:

Esta raza fue muy apreciada en sus orígenes, pero hoy ha perdido su popularidad y quedan pocos ejemplares. Su carácter inteligente y alegre hacen de él un compañero ideal, pero solamente admite de buen grado un solo dueño, no demostrando afabilidad con el resto de las personas con las cuales convive.

Peculiaridades:

De pelo color negro y fuego, es un perro que no gusta de dormir en perreras y prefiere las casas. Muy amable y cariñoso con los niños, no suele morder en sus labores como vigilante. Es fácil de tratar y cuidar, manteniendo su territorio siempre limpio.

Mastiff inglés

Historia:

Este perro, que existe en el Reino Unido desde hace 2000 años, fue traído a Europa por los fenicios, descendiente del Mastín del Tíbet. Se trata de uno de los perros mayores del mundo, que necesita mucho espacio y grandes cantidades de comida, por lo que no es muy apreciado como perro de compañía.

Características:

En su gran cabeza aparecen dos pequeños ojos, oscuros y muy separados, un stop pronunciado y trufa negra. Tiene los labios muy desarrollados y algo caídos y sus orejas, pequeñas y gruesas, están implantadas muy altas sobre la cabeza y caídas. Su manto es de pelo liso y corto.

Comportamiento:

Una cuidada selección ha eliminado su antigua agresividad y en la actualidad es un perro cariñoso, sumiso y fiel. Es utilizado como perro guardián, de defensa y, a veces, de compañía. En cualquier caso, debe ser tratado con prudencia, pues es increíblemente fuerte y puede resultar difícil de controlar.

Peculiaridades:
Estuvo a punto de desaparecer durante la Segunda Guerra Mundial, pues nadie podía alimentarlo en cantidad suficiente. Aunque algunos ejemplares acusan desequilibrios mentales, bien criado es un perro inteligente y sosegado que necesita bastantes cuidados en su educación. De comportamiento poco agresivo, su gigantesca presencia es suficiente para ahuyentar a los delincuentes.

Norfolk terrier

Historia:
Surge en el siglo XIX en el condado de Nolfolk, Gran Bretaña. Es el Terrier de menor tamaño, aunque esta raza ha tardado bastante en ser reconocida. Se conocen datos sobre su antigua habilidad para luchar contra los animales salvajes, demostrando gran agresividad y valentía, aunque sin desequilibrios en su carácter.

Características:
Su cuerpo es fuerte y robusto, y sus pequeñas pero musculosas patas terminan en pies planos bien almohadillados. Tanto la cabeza como el hocico son ligeramente anchas, terminando en una mandíbula provista de una impresionante dentadura. La cola está amputada a la mitad de su tamaño y las orejas triangulares caen hacia delante. Sus ojos son redondos, de color castaño, con una mirada fija e inteligente. Su pelaje de alambre es largo y duro.

Comportamiento:

Se utilizó con éxito para la caza de roedores, nutrias y otros animales de madriguera.

Hoy puede ser un adaptado animal de compañía, incluso en la ciudad, por su carácter afable sin grandes arranques de agresividad. Su pelo duro y alambrado es difícil de peinar y cuidar.

Peculiaridades:

Se diferencia con el Norwich terrier en que éste tiene las orejas tiesas y se le cree emparentado con el Cairn terrier y el Scottish terrier. Fueron muy populares como animales de compañía de los estudiantes de la Universidad de Cambridge y pronto se mostraron como animales vivaces, alegres, fuertes y en absoluto pendencieros.

Norwich terrier

Historia:

Raza que surge en Norwich, Gran Bretaña, en la mitad del siglo XIX pero que se extingue después de la Segunda Guerra Mundial y se recupera con nuevos cruces con Bull Terrier e Iris Terrier, entre otros. Antiguamente se le conocía como Jones, aunque posteriormente se le dio el nombre de la ciudad de origen.

Características:

Su tamaño es muy reducido y sus pequeñas extremidades están bien musculadas. El cuerpo es amplio y corto, la cola está amputada a la mitad de su largura, mientras que el cráneo y el hocico son anchos y con pelo más corto. Los ojos almendrados son de color oscuro. Sus orejas son erguidas y triangulares.

Comportamiento:

Tiene unas cualidades excelentes para la caza de pequeños roedores y animales de madriguera, pero también puede ejercer de perfecto vigilante. Es muy popular como animal de compañia, se adapta muy bien a la gente joven por su carácter alegre y dinámico.

Peculiaridades:
Sumamente fuerte para su tamaño, posee una dentadura como una tijera y mantiene sus labios siempre bien apretados. Ya no se le suele amputar la cola y se le cree libre de taras hereditarias. Se le puede encontrar frecuentemente como mascota de los estudiantes de la Universidad de Cambridge.

Nova Scotia duck tolling retriever

Historia:
Antepasados de esta raza llegaron a Nueva Escocia desde Gran Bretaña. Es el resultado entre el cruce de Retrievers y Spaniels, y aunque actualmente es una raza poco difundida, le podemos ver más frecuentemente en algunas exposiciones caninas como animal exótico.

Características:
Lo más llamativo es su pelaje denso, largo e impermeable. Su cuerpo compacto es fuerte y musculado, y sus extremidades bien proporcionadas y provistas de robusta osamenta. Sus pulmones están bien desarrollados en un pecho profundo y ancho. Su cabeza es suavemente cuneiforme, de hocico alargado, trufa negra y ojos marrones oscuros. Las orejas están caídas y cubiertas de pelo. Tanto el pecho, como la parte posterior de las extremidades y la cola, tienen el pelo más largo que el resto del cuerpo.

Comportamiento:
Esencial para la caza de aves que habitan los lagos y pantanos por su gran decisión para zambullirse en el agua, siendo también

un perro adaptable a la vida familiar, tranquilo con los niños y dócil en la obediencia.

Peculiaridades:

Estupendo perro para personas que no gustan de cuidar a sus animales demasiado, ya que este perro requiere de pocos cuidados, comportándose como un compañero juguetón, divertido y vivaracho.

Pastor inglés

Historia:

También conocido como Bobtail, este perro tiene un origen incierto; algunos lo emparentan con el Briard y otros con el Caniche. En cualquier caso, la cría selectiva se inició en Gran Bretaña a finales del siglo XIX. Hay quien afirma que en realidad su origen está en un perro ruso, peludo denominado Owtcharka que llegó a Gran Bretaña procedente de zonas bálticas.

Características:

Es un musculoso perro de cabeza casi cuadrada, ojos oscuros y orejas pequeñas. Carece de cola y, si algún ejemplar naciera con ella, es obligatorio amputársela. Todo su cuerpo está cubierto de abundante pelo que es muy suave cuando es cachorro, aunque paulatinamente se vuelve más duro. Las patas delanteras poseen una capa interior impermeable.

Comportamiento:

Inteligente y dócil, el Bobtail es un excelente compañero y, además del pastoreo es utilizado en diversas actividades de guarda y compañía. Con su andar elástico y su voz armoniosa es un perro que no pasa desapercibido, pero que requiere un cepillado frecuente de su tupido manto por la facilidad con la cual desarrolla eccemas de difícil solución.

Peculiaridades:

De aspecto feliz, necesita no obstante cariño y mucho juego para que esté sano. Aunque redondo y gordito, posee una estupenda simetría y unos andares muy graciosos, a lo que contribuye especialmente su cola amputada desde hace siglos para que sus dueños se ahorrasen impuestos especiales.

Pekinés

Historia:

Su nombre deriva de su origen, pues durante siglos fue el favorito de la Corte Imperial de Pekín, en donde se le pudo encontrar por millares. Llegó a Occidente en 1860 después de la rebelión de los Boxer traído por los soldados ingleses hasta Gran Bretaña, aunque hasta entonces se le denominaba Shih Tzu.

Características:

De cabeza ancha, hocico fruncido y trufa corta, el pekinés presenta los ojos, grandes y oscuros, muy separados y bastante saltones, con stop muy marcado y orejas caídas. Termina su cuerpo en una cola curvada cubierta, como el resto, de un manto de pelo largo y áspero.

Comportamiento:

Sensible, cariñoso, digno y obediente, combina extraordinariamente la gracia y la nobleza y, desconfiado de extraños, es un buen perro guardián, igualmente ideal como perro de compañía.

Peculiaridades:

Se dice que era uno de los perros que acompañaban a Buda y que luego se convertían en leones, existiendo numerosas figuras antiguas que demuestran esta leyenda. La dinastía

Manchú les dio aún más esplendor y durante siglos evitaron que los europeos pudieran poseer alguno. El primero de ellos que llegó a Europa fue para la reina Victoria y por eso es frecuente verlos formando parte de la aristocracia inglesa.

Obstinado y orgulloso, no entrega su cariño y confianza a cualquiera, aunque cuando lo hace se convierte en un fiero guardián para defender a su amo.

Difícil de entender y cuidar, suele acusar problemas respiratorios y con los ojos.

Perro de agua español

Historia:
Su primera aparición en la historia nos remonta a la Edad Media, y desde entonces hasta hoy ha sufrido pocos cambios. Se le emparenta con el Perro de agua portugués y el Caniche. Su cría sigue siendo casi exclusiva de España teniendo mayor arraigo en el sur de la península.

Características:

Su cuerpo tiene una apariencia tosca y robusta. Llama la atención su peculiar y espeso pelaje en forma de cordones o tirabuzones largos pero finos. La cabeza es alargada, totalmente cubierta de pelo, con trufa negra o marrón y orejas traseras y colgantes. Los ojos, tapados parcialmente, son de color marrón oscuro. Sus extremidades tienen músculos muy marcados terminados en pies palmeados.

Comportamiento:

Su utilidad puede ser muy variada, pues se le valora igualmente como cazador o perro pastor, e incluso ha demostrado ser un hábil pescador. Es un perro muy obediente y tranquilo pero puede ser malhumorado con los niños.

Peculiaridades:

Se le puede ver habitualmente en las costas andaluzas trabajando con los pescadores e incluso buceando para sacar los peces. Hay que cuidarle y cortarle su ensortijado pelo, para evitar que se enrede en zarzas, matorrales y aparejos de pescadores.

Perro de nutria

Historia:

Llamado así porque fue creado para la caza de nutrias cuando éstas representaban una plaga en ciertas zonas de Gran Bretaña. Surge del cruce entre Griffon Nivernais, Bloodhound, Harrier o Terrier de pelo áspero.

Características:

El Perro de Nutria es capaz de oler una nutria, aunque su huella "en el agua" sea de varias horas. Para cazarla se sumerge en el agua en busca de su presa o encuentra sus madrigueras.

De aspecto grueso pero fuerte, tiene un gran tamaño y resistencia al frío y al agua gracias a su pelaje frondoso, abundante y tosco, con una subcapa de pelo lanoso.

La cabeza, muy desarrollada, es alargada. Su hocico es negro, y sus labios caen colgantes ocultos por gruesos bigotes. Las orejas grandes y caídas están provistas, también, de gran cantidad de pelo. Sus ojos negros, de mirada digna, quedan parcialmente tapados por las cejas lanosas. La cola sensiblemente curvada permanece alta mientras está activo.

Comportamiento:

Debido a que la caza de nutrias está prácticamente abandonada, esta raza ha sido muy bien acogida para la compañía; por su carácter simpático y cariñoso se ha adaptado bien a vivir con el hombre en las ciudades.

Peculiaridades:

Su doble pelaje muestra una capa externa dura al tacto, mientras que la interna es corta y lanosa. Se le conoce también como Otterhound, y se le puede encontrar de diversos colores: gris, amarillo, mezcla de gris y negro, negro completo y rojizo.

Perro pastor alemán

Historia:

El origen de esta raza debe de remontarse a muchos siglos, y lo que parece claro es que tiene que ver con el cruce entre diferentes razas de perros pastores procedentes de Alemania y algún lobo local.

El encargado de la designación y aspecto actual de los pastores alemanes fue un criador alemán de finales del siglo pasado, Max von Stephanitz.

Características:

Es posiblemente la raza de perro más difundida en todo el mundo. Tiene una gran belleza física, y su cuerpo transmite fuerza y potencia, disponiendo de una gran masa ósea y muscular.

Las extremidades bien desarrolladas, patas delanteras rectas y traseras de muslos robustos y los corvejones suavemente inclinados cuando está de pie. La cabeza es ligeramente curva, con stop poco pronunciado, hocico largo y enjuto con mandíbula dispuesta en tijera, labios muy pigmentados, trufa grande y negra, y los ojos almendrados de color ámbar o marrón oscuro. La base de las orejas es ancha y terminan erguidas en puntas redondeadas. El cuello, de largura media, es compacto y robusto. La cola, muy empenachada, le llega por debajo de los corvejones. El pelaje puede variar en color, largura e incluso dureza, pero en todos los casos es muy denso y abundante con una capa inferior más corta y suave.

Comportamiento:
Su utilidad ha sido muy variada pues ha sido y es perro pastor, perro de defensa y vigilancia, perro de búsqueda de personas, drogas o artefactos diversos, fiel perro lazarillo y sobre todo excelente compañero y mejor amigo de los niños.
Hoy su cría indiscriminada le ha proporcionado un sin fin de enfermedades relacionadas con los huesos y articulaciones, y problemas diversos del aparato digestivo.

Peculiaridades:
Entusiasta, versátil y valiente, no hay ninguna actividad que le esté vetada. Se le conoce también como Deutscher schäferhund.

Perro crestado chino

Historia:
A pesar de su nombre, no existe ninguna prueba de que este perro se originara en China y hay quien piensa que se desarrolló en alguna parte de África o Suramérica.

Características:
Se trata de un perro desnudo poco conocido, con el cráneo ancho y el hocico largo, con unas orejas quizá demasiado grandes en proporción con el cuerpo y ojos oscuros. Una mata de pelo cubre la parte inferior de las patas y el extremo de la cola, así como la cima del cráneo, de donde le viene el nombre de "crestado"; el resto del cuerpo aparece completamente sin pelo.
Precisa de ambientes templados y, ante la ausencia de medios propios, necesita ser protegido tanto del calor como del frío. Hay, sin embargo, una variedad, conocida como "borla de algodón", cubierta de un pelo largo y abundante.

Comportamiento:

Es un perro vivaz, cariñoso e inteligente, muy apreciado como perro de compañía, pero lo delicado de su pelo hace que sea abandonado con relativa frecuencia por sus amos.

Peculiaridades:

Su ausencia de pelo se debe a la necesidad que tienen de evacuar su alta temperatura cutánea, aunque esta peculiaridad hace que sean pocos los cachorros que sobrevivan. Su ausencia de pelaje hace que tengan pocos problemas en la piel, como los parásitos, y que no generen alergias en los humanos. Aún así, requieren un cepillado frecuente de la piel y protegerles del sol y el frío intensos.

Podenco ibicenco

Historia:

Su origen, como su propio nombre indica, parte de la isla balear de Ibiza, pero fue hace muchos miles de años que lo exportaron los comerciantes de las costas mediterráneas, extendiéndose por toda la península ibérica y las costas mediterráneas de Francia. Se utilizó tanto como perro de exhibición como cazador de caza menor.

Características:

Como buen perro cazador su cuerpo está provisto de un esqueleto fuerte, de rectas y largas patas terminadas en dedos curvos de uñas blanquecinas. El pelaje de su cuerpo puede variar, puede ser largo o corto, suave o duro, y de gran variedad cromática. Su baja cola es recta y larga, y su nariz sonrosada nos avisa de la enfermedad cuando se muestra más pálida. De su cabeza alargada destacan unas amplias y puntiagudas orejas que junto a unos ojos vigilantes le proporcionan una evidente expresión de alerta.

Comportamiento:

Animal de buen carácter con su amo, puede en ocasiones mostrarse hostil con los extraños.

Peculiaridades:

Antiguo perro egipcio, ligado a los faraones, su carácter independiente hace que trabaje muy mal en grupo en la caza. Con una vista tan aguda como su olfato, se adaptan mejor al terreno que a la casa porque necesitan imperiosamente correr largas distancias.

El Podenco canario se cree que es originario de las islas, siendo muy parecido al ibicenco. Sin embargo, el Podenco portugués no se parece a ambos, aunque es igualmente un buen cazador, pero le gusta por igual estar fuera que en el hogar. El Podenco de pelo liso está casi extinguido, aunque hay personas que están intentando reconstruir la raza.

Pointer

Historia:

Creado en Gran Bretaña en el siglo XVII a partir del cruce entre Bulldog, Setter, Bull Terrier, Lebrel, e incluso Terranova. Su verdadero origen es español, siendo considerado un perro clásico por su peculiar postura cuando descubre una presa.

Características:

Es un perro de gran belleza física que impresiona en la caza con su figura estática ante el avistamiento de la presa. Su cuerpo es esbelto y atlético, con una musculatura bien marcada, de extremidades potentes, más rectas las delanteras y de músculos enjutos las traseras. El pecho es profundo y ancho. La cola, de nacimiento amplio, se alarga fina hasta la punta. Su cabeza es grande y robusta, con orejas implantadas altas y colgantes.

Los labios superiores son visiblemente mayores que los inferiores y tiene una mandíbula con dientes perfectos y ajustados. La trufa, situada por encima de la línea del hocico, varía su color según las manchas oscuras que prevalezcan en el pelaje. Sus ojos, de mirada inquisitiva y despierta, suelen ser de color marrón claro. El pelaje es muy corto, liso y brillante, nunca formando franjas sino una especie de manchas no uniformes.

Comportamiento:
Se ha utilizado sobre todo para la caza de perdices, codornices o faisanes, pero puede ser un buen perro de caza de liebres, conejos, etc.

Por su carácter prudente y cariñoso es aceptado con agrado en las familias como perro de compañía, adaptándose bien a los niños y recibiendo sin agresividad a los extraños.

Peculiaridades:
Logra aterrorizar tanto a los pájaros que acecha que les impide volar antes de que el cazador se acerque. No se adapta muy bien a la vida en el hogar, aunque no por ello deja de ser sociable, cariñoso y muy limpio. La variedad Hertha Pointer posee un color rojo pálido y es algo menor pero más musculado.

Pomerania

Historia:
Es el resultado del cruce de distintas variedades de Spitz de tamaño pequeño. De origen alemán, se popularizó con la reina Victoria. Guarda todas las características del Spitz normal, preferentemente del blanco del norte de Pomerania, Alemania, un animal bastante más grande. Posteriormente sus creadores pusieron gran interés en lograr una raza de perros más pequeños que llevaron a Gran Bretaña hace 100 años.

Características:
Su pequeño cuerpo está cubierto de un espeso pelaje suave y largo. Su cráneo es cuneiforme. Las orejas son pequeñas, erguidas y triangulares. Los ojos suavemente ovalados son oscuros. La cola en forma de anillo descansa sobre el dorso. Sus

pequeñas extremidades de finos huesos terminan en diminutos pies cubiertos con pelo corto.

Comportamiento:

Aunque su tamaño ha sido cada vez menor su actitud es la de un perro grande, y con la misma valentía es capaz de proteger una propiedad o a su amo, siendo desconfiado, inteligente e intuitivo.

Es muy reconocido como animal de compañía y defensa, y su talante es cariñoso y vivo, ideal para los dos fines.

Peculiaridades:

Su pelo tarda tres años en crecer y se le encuentra de color blanco, rojo, gris, naranja o negro. Aunque su pequeño tamaño puede dar lugar a errores, es un perro muy robusto que ladra sin temor a los intrusos y les hace frente.

Rhodesian ridgeback

Historia:

De origen sudafricano, se tiene como primera referencia de su existencia una raza de perros crestados que acompañaban a los hotentotes del sur de Africa en sus cacerías. Pero fue en 1922 cuando un grupo de criadores reunidos en Zimbabue cruzó una serie de razas de origen europeo con estos perros crestados, dando lugar al Rhodesian Ridgeback que hoy conocemos.

Características:

Su estructura corporal está bien distribuida, con sus extremidades fuertes, musculosas y ágiles. Los hombros están claramente marcados y los pies bien almohadillados con dedos sensiblemente arqueados. La cola ancha está ligeramente curvada en su nacimiento. La cabeza alargada y amplia termina en un hocico negro o marrón oscuro, según su pelaje, con orificios muy marcados. Las orejas, caen largas pegadas a ambos lados de la cara. Los ojos suelen ser de color avellana o ámbar. La mandíbula está provista de imponentes caninos. Todo su cuerpo está cubierto de un pelaje corto, denso y duro destacando una especie de cresta que recorre toda su espalda en dirección contraria al resto del pelaje.

Comportamiento:
Por su fuerza corporal y su desarrollada dentadura se ha empleado en la caza mayor, sobre todo en safaris, pero es excelente como animal de compañía por su carácter sosegado y obediente. Puede soportar temperaturas muy elevadas.

Peculiaridades:
Su habilidad para cazar leones consistía en no enfrentarse a ellos, distrayéndoles y mordiéndoles repetidas veces. Ágil y muy rápido, es empleado como perro policía y también como guía de ciegos. No se deja sobornar con facilidad por los extraños y por eso puede ser un eficaz guardián sin necesidad de adiestrarlo.

Rottweiler

Historia:
Descendiente del Mastín italiano, tiene su origen en la ciudad alemana de Rottweil y sabemos que era utilizado desde la Edad Media para cazar jabalíes, aunque cuando este animal desapareció de los bosques se le empleó preferentemente para conducir ganado

Características:

Corpulento y fuerte, se caracteriza fundamentalmente por una poderosa dentadura dentro de su desarrollada mandíbula.

La cabeza es muy ancha y, proporcionalmente, las orejas resultan más bien pequeñas; ojos oscuros y trufa negra son otras de sus características.

La cola es amputada cuando es demasiado larga y le podemos encontrar con colores negro, castaño claro y oscuro.

Comportamiento:

Tranquilo y obediente, sólo muerde cuando alguien amenaza a su amo. Ha sido utilizado como guardián de manadas y como perro policía y de defensa, pero es sobre todo apreciado como perro de compañía.

Peculiaridades:

Intrépido, atento y frecuentemente pendenciero con otros perros, este robusto perro demuestra unos nervios templados y acepta la presencia de extraños. Más pacífico de lo que aparenta, le gusta trabajar y se deja dominar por su amo. El problema es que hayan sido educados como animales agresivos para el hombre o para la pelea.

Sabueso español

Historia:

La raza fue llevada a España por los fenicios y en la península se ha desarrollado hasta su apariencia actual. Se piensa que deriva de la misma especie que el Sabueso de San Huberto. Ambos pertenecen a una de las razas de podencos más antiguas llevadas, dicen, por Guillermo el Conquistador a Europa en el año 1.066.

Características:

De cuello fuerte y musculoso, tiene la cabeza triangular, trufa oscura y stop poco marcado. Sus ojos almendrados están rodeados por unos párpados ceñidos y tiene, además, largas orejas redondeadas y caídas. Muestra también un torso largo con un ancho tórax y cola en forma de sable. Su pelo, denso y raso, resulta un poco áspero al tacto.

Comportamiento:

No es una raza agresiva, pero puede ser temperamental y conviene introducirlo con precaución en ambientes extraños. Es utilizado especialmente para la caza y, en algunos casos, como perro guardián. Se le considera muy adecuado para estar con niños por su carácter equilibrado y afectuoso.

Peculiaridades:

Se adapta con facilidad al terreno y al clima, logrando ser un eficaz cazador de zorros y jabalíes. Fuerte y resistente, no es adecuado para mantenerlo en un hogar. Actualmente el tradicional tipo ligero que había sido característico en esta raza, ha conducido a otro más elástico y de menos peso que el anterior.

Sabueso de San Huberto

Historia:
Dentro de la familia de los Sabuesos es el más antiguo, traído hasta Europa por los normandos que regresaban en la época de las cruzadas desde Oriente Próximo. Esta raza debe su nombre a los monjes del monasterio de San Huberto, en Bélgica, encargados de su crianza durante siglos.

Características:
Su cuerpo es fuerte y ancho de patas rectas y robustas. La fuerza de su espalda le permite trabajar durante largas horas. El cuello es ancho y musculoso. La cabeza es alargada con una gran nariz negra y labios amplios y colgantes, al igual que sus orejas de posición baja y trasera. Sus ojos hundidos están protegidos por párpados semiplegados y colgantes.

La cola es larga, arqueada y fuerte. El pelaje duro y corto envuelve todo su cuerpo, más suave en las orejas y la cabeza.

Comportamiento:
Aunque de movimiento lento, tiene el sentido del olfato muy desarrollado, siendo objeto de grandes éxitos en muchas ocasiones en labores de rastreo y rescate. Su carácter amigable y bondadoso le hacen ideal para la compañía, pero poco dispuesto para el adiestramiento.

Peculiaridades:
También es conocido como Chien de Saint Hubert y Bloodhound. Posee un andar majestuoso, pesado y en apariencia lento, y aunque poco amable con los extraños tiene fama de bueno, aunque algo terco.

Saluki

Historia:
Originario de Irán, acompañaba a los beduinos nómadas en la caza con un curioso colaborador, el halcón, quien inmovilizaba a las piezas hasta que el Saluki las atrapara. Teniendo en cuenta que el fundamentalismo islámico considera a los perros como impuros, esta raza del grupo de los Lebreles ha estado protegida e incluso ha gozado de ciertos privilegios en sus cuidados, e incluso su concienzuda crianza es una de las más largas en el tiempo.

Características:
Su variedad cromática origina espectaculares mezclas. Su cuerpo delgado y fuerte está cubierto de un fino pelo, más largo en su cola, cuello, orejas y parte posterior de sus patas delanteras y traseras. Tiene un pecho muy profundo que alberga un aparato respiratorio con gran capacidad de resistencia. Su cabeza es plana y muy alargada, y sus ojos son pequeños de color marrón.

Comportamiento:
Perro de carácter suave que necesita igualmente un trato dulce, correspondiendo a ello con dulzura y afecto, especialmente con los niños. Aunque posee cualidades innatas para la caza, especialmente por su fino oído, ahora es un adecuado perro de compañía, limpio y agradable.

Peculiaridades:
Bello, elegante y de larga zancada, este perro no pasa desapercibido. Acelera en la carrera con suma rapidez y su alta velocidad le permite dar caza a las gacelas. No ponerlo junto a gatos o perros pequeños.

Samoyedo

Historia:
Se le conoce por primera vez en Rusia, más concretamente en Siberia, donde era frecuente su utilización para la tira del trineo o como experto cazador de morsas. Fue criado especialmente por la tribu siberiana de los Samoyedos, de ahí su nombre, quienes lo empleaban como perro guardián y para la caza de renos.

Características:
Es un perro de gran belleza física, con extremidades bien desarrolladas y musculadas. El pelaje liso, largo y abundante, con una capa inferior más corta y suave que le preserva del frío, envuelve todo su cuerpo. La cola ancha, larga y muy peluda, está dispuesta semienroscada en el dorso. La cabeza cuneiforme tiene un stop pronunciado. Las orejas son pequeñas, en triángulo, aunque erguidas y ligeramente dobladas. Los ojos oblicuos son de color marrón oscuro. La nariz es pequeña de color negro.

Comportamiento:
Por su carácter alegre y amigable se hace querer por toda la familia, tiene buena relación con los niños y puede llegar a ser tras un proceso de adiestramiento buen perro de defensa. Leal y obediente, no es en absoluto un perro mordedor, aunque su costumbre de ladrar aparatosamente puede crear problemas en la vecindad.

Peculiaridades:
Sonriente, hermoso y muy inteligente, este spitz se emplea esencialmente como perro de trineo y de compañía, puesto que no es un buen guardián. Rebelde en ocasiones a obedecer, es muy adecuado para climas fríos y para trabajos rudos. Su pelo necesita ser cepillado una vez a la semana y secárselo cuando se le bañe.

San Bernardo

Historia:

Originario de Suiza, es desciende de los Mastines alpinos llevados allí por los ejércitos romanos. En un momento estuvo casi extinguido, pero la raza fue recuperada con cruces de Terranova y Dogo alemán. Recibió su nombre actual en 1865, y desde entonces es popular por sus trabajos para rescatar a los escaladores de montañas nevadas.

Características:

De gran tamaño, se caracteriza por su mirada triste. Tiene una gran cabeza con orejas triangulares caídas, trufa negra y belfos cayendo de su maxilar inferior. Su larga y ancha cola se enrosca ligeramente en la punta. Está cubierto de un grueso manto que le protege de las frías temperaturas.

Comportamiento:

De carácter bueno y generoso, la raza ha sido mantenida por el Hospicio de San Bernardo que, desde el siglo XVII lo ha utilizado como animal de tiro y para dejar huellas en la nieve virgen. Debido a su inmenso volumen y potente musculatura, necesita de espacios abiertos, siendo poco apto para la vida en la ciudad.

Peculiaridades:

Han crecido tanto que ya no son tan aptos para rescate en la nieve como sus predecesores. Considerado ahora como un perro familiar, el problema es que necesita mucho espacio y mucha comida, por lo que es acogido frecuentemente por familias adineradas. Especialmente cariñoso con los niños, necesita una buena educación para disciplinarle. Suele tener problemas de conjuntivitis, circulatorios, exceso de calor y abundante salivación.

Schnauzer gigante

Historia:

Este perro tiene el mismo origen bávaro que el Schnauzer mediano, de hecho, fue desarrollado aumentando el tamaño de éste, y posiblemente tenga entre sus antecedentes al Dogo alemán. Hay tres variedades de Schnauzer, el estándar, el gigante y la miniatura, todos ellos empleados originalmente como perros de granja para todo tipo de trabajo, especialmente para la caza de ratas.

Características:

Tiene una larga cabeza, con trufa negra, y potentes mandíbulas, ojos oscuros y orejas erguidas cuando están cortadas, en caso contrario aparecen caídas; también lleva amputada la cola. Su pelo es duro y alambrado, con una subcapa de pelo lanoso, con un color generalmente negro o marrón oscuro.

Comportamiento:

Posee un carácter tranquilo y adiestrable, por lo que fue una raza de pastoreo muy común en el Sur de Alemania. En el siglo XVIII se le empleaba como perro de guarda y, más tarde, como policía y auxiliar del ejército, por su imponente aspecto. En la actualidad es un buen perro de defensa y compañía.

Peculiaridades:
Hay que cuidarle el pelo dos veces al año y eliminar los pelos muertos, teniendo cuidado de hacerlo con suavidad pues a pesar de ser en apariencia áspero y tieso es sumamente suave y delicado.

Schnauzer enano

Historia:
Esta raza, a menudo clasificada como Terrier, se originó al Sur de Alemania y es la raza original de la que se desarrollaron los demás Schnauzer. En algún momento de su historia se realizó un cruce con Affenpinscher, aunque para muchos su enanismo se considera un defecto genético.

Características:
Su constitución es cuadrada y robusta, con las patas bien musculadas. Posee una cabeza fuerte y alargada que se estrecha hacia el hocico, con stop muy marcado y trufa negra. Lleva amputadas la cola y las orejas que, si no están cortadas aparecen caídas, mientras que sus oscuros ojos son ovalados. El pelo es áspero, denso y alambrado, frecuentemente negro.
El Schnauzer miniatura pertenece a este grupo. Valiente y cariñoso, este perro ha sido utilizado para la caza de ratas y comadrejas y es también muy apreciado como perro guardián, a pesar de su pequeño tamaño.

Comportamiento:

Muy pegado afectivamente a su amo, es un animal valiente y atrevido, aunque con un control intenso de sus emociones. Animal muy fácil de adiestrar, no solamente por su inteligencia sino porque es obediente, resulta, en suma, muy simpático y afectuoso cuando es entrenado.

Peculiaridades:
Valiente y eficaz con los perros grandes, su facilidad para ladrar hace que no sea adecuado para vivir encerrado en casa. Desconfiado y poco amistoso con los extraños, necesita ser esquilado dos veces al año porque apenas pierde algo de su duro pelo.

Schnauzer mediano

Historia:
Descendiente del Schnauzer, del Affenpincher y el Pinscher enano. Aunque de origen alemán hoy es más popular en Estados Unidos como simpático perro de apartamento. Su hocico, adornado de barba y bigotes, ha dado lugar a ser llamado como schnauzer cuya traducción del alemán significa bigote.

Características:
De su cuerpo diminuto destaca en tamaño su cabeza cuadrada y larga, de hocico fuerte, bien cubierto por una larga barba que le caracteriza. Las patas traseras, muy musculadas están siempre preparadas para una rápida carrera, las delanteras son más cortas y totalmente rectas. Su cola está amputada en la tercera vértebra. Las orejas, implantadas altas, también suelen estar cortadas en triángulo, en este caso permanecen erguidas y rectas; si no lo están, tienen forma de "v" y permanecen caídas hacia delante. Sus ojos son oscuros, vivaces y ovalados, protegidos por unas densas cejas. La nariz es negra y su desarrollada mandíbula está dispuesta en tijera. El pelaje de todo su cuerpo es abundante, áspero y duro; además, requiere de constantes cuidados, sobre

todo el pelo que forma la barba, ya que hay que limpiarlo después de cada comida.

Comportamiento:
Su carácter cariñoso y obediente hacen de él un compañero perfecto, fácil de adiestrar y adaptable a la vida en familia. Como descendiente de Terriers tiene muchas cualidades para la caza menor y como buen ladrador es útil para la defensa y la vigilancia.

Peculiaridades:
Vivaz pero controlado, es demasiado atrevido para su tamaño, pero eficaz en la caza de ratas, comportándose fielmente con su amo en cualquier circunstancia.

Scottish terrier

Historia:
Se creó en Escocia a finales del siglo pasado, más concretamente en la ciudad de Amberdeen, aunque ahora tienen más popularidad en Estados Unidos que en Gran Bretaña. Su verdadero origen, no obstante, data de principios del siglo XVIII, en donde era conocido como Aberdeen Terrier, nombre otorgado por ser la misma ciudad donde era criado.

Características:
Su estructura es robusta, de gran consistencia. Sus extremidades son muy cortas en comparación con el cuerpo, aunque las patas traseras son excepcionalmente fuertes. La cabeza es alargada, de hocico ligeramente inclinado y trufa negra grande. Las orejas son pequeñas, erguidas y puntiagudas. Sus ojos oscuros son ligeramente ovalados. Las cejas y el bigote, con pelo muy largo, le dan un aspecto romántico. La cola, de largura media, la lleva casi siempre alta y estirada. Lo más llamativo de esta raza es su abundante pelaje de tacto duro, alambrado y tosco, con una capa inferior más suave y corta.

Comportamiento:

Es un perro inteligente y su carácter fiel, alegre pero independiente, le hacen idóneo para la vigilancia y la defensa de una propiedad o de las personas de la familia a la que pertenezca.

Desconfiado con los extraños, suele encariñarse exclusivamente con los miembros de la familia. Antiguamente se le empleaba para la caza de la nutria, conejos y otros animales de madriguera.

Peculiaridades:

Al igual que sus hermanos de raza terrier, es un perro que tradicionalmente se ha utilizado como depredador por su dureza y resistencia. Conocido también como Terrier de Aberdeen se cuenta que la propia reina Victoria tenía uno. No necesita mucho ejercicio para mantenerse fuerte y su gran personalidad exige una esmerada educación no exenta de firmeza.

Setter irlandés rojo y blanco

Historia:

De características muy similares al Setter rojo, tiene menos representación que este, incluso llegó casi a extinguirse, pero en los últimos años ha resurgido el interés de los criadores hacia ellos. Se piensa que es una evolución de los Spaniels rojos y blancos llegados desde Francia e Irlanda, y que fueron cruzados posteriormente con Pointers.

Características:

La estructura corporal es igual a la de su pariente rojo. La diferencia más notable se encuentra en detalles de la cabeza, puesto que el Setter rojo y blanco tiene un stop más pronunciado, un hocico más pronunciado y ancho y los labios superiores cuelgan ligeramente más amplios. Su pelaje igualmente denso es de color blanco con zonas grandes de pelo rojo.

Comportamiento:
Tras un persuasivo y constante adiestramiento es un perro obediente y atento. Como cazador no tiene dificultades, con reflejos rápidos y excelente olfato. Suele ser un perro algo nervioso e independiente.

Peculiaridades:
Posee un estupendo olfato en cualquier terreno y condición climática. Su buen carácter y gran afectividad con las personas le hace ser un perro nada problemático en el ámbito doméstico, siendo igualmente muy hábil para trabajos circenses y deportivos.

Setter inglés

Historia:
Surge en Francia en el año 1500 como resultado del cruce entre el Pointer francés y el Braco español. En el año 1800 fue llevado al Reino Unido donde se desarrolló con la belleza que hoy conocemos. Es por tanto el Setter más antiguo de todos, y consiguió esa gran belleza por su entrenamiento en campo abierto.

Características:
Su cuerpo elegante, perfectamente estructurado, está bien dotado de músculos y fuerte osamenta. Las extremidades resistentes terminan en pezuñas compactas con pelo corto y suave entre los dedos. Su cráneo es robusto, algo curvo pero alargado, con hocico igualmente largo y stop evidente. Sus mandíbulas son perfectas y potentes; los labios son grandes, pero no cuelgan en exceso y la trufa negra tiene orificios amplios. Los ojos de tamaño grande suelen ser marrones o pardos y reflejan una mirada sabia y tranquila. Las orejas, de tamaño medio, cuelgan formando pliegues. La cola es larga con franjas. Su pelaje es suave, largo y más abundante en el pecho, la parte posterior de las extremidades y las nalgas.

Comportamiento:
Cazador incansable no tiene dificultades para adaptarse a cualquier tipo de caza. Resiste a las inclemencias del tiempo y posee un olfato muy desarrollado. Es un perro fiel a su amo, atento y obediente, muy familiar y propenso a las exaltaciones.

Peculiaridades:
Trabaja muy bien en campo abierto y colabora con el resto de sus compañeros. Necesita para ello un curso de adiestramiento para que pueda trabajar sin correa y su fuerte

instinto logra encontrar caza en lugares aparentemente desérticos.

Setter irlandés

Historia:
Casi tan antiguo como el Setter Inglés, concretamente del siglo XVIII, es el resultado del cruce entre Setters escoceses, Braco Español y diferentes Spaniels. De todos los Setters es el más apreciado actualmente y para muchos el más bello de todos, siendo igualmente apto para la caza, el juego y las exposiciones, en donde es famoso por su clásica y elegante postura.

Características:
Su cuerpo, suavemente arqueado hacia el cuello, describe una estructura estrecha pero bien musculada. Pecho profundo, cuartos traseros fuertes y cola en posición elevada cubierta de franjas de pelo.

La cabeza es alargada con hocico fino y recto, mandíbulas que encajan perfectamente, trufa oscura tirando a negra, ojos marrones oscuros y stop no muy pronunciado. Las orejas nacen bajas, en forma triangular, de piel fina, y pelo corto y suave. Su pelaje es sedoso, largo, fino y elegante, mucho más corto en la cabeza, orejas y papada.

Comportamiento:
Es muy utilizado para cualquier tipo de caza, siendo un perro resistente a climas húmedos, hábil en parajes angostos y pedregosos, muy rápido y de olfato exquisito. Tiene un temperamento enérgico pero sensible ante las reprimendas y agradecido a los halagos.

Peculiaridades:

Empleado en algunos países como perro de exposición, es especialmente eficaz en la caza de venados. Debe hacer mucho ejercicio al aire libre y requiere una educación constante porque no acepta de buen grado la obediencia.

El Setter irlandés rojo y blanco es algo más fuerte, más obediente e igualmente adecuado al trabajo. Ambos necesitan un cuidado diario de su pelo.

Shar pei

Historia:

Pariente cercano del Chow-Chow, este perro tiene su origen en China y en sus antecedentes pudo haber algún cruce entre Mastines y perros Spitz. A pesar de tanto parentesco, no se parece a ninguna otra raza. Es por tanto un perro sensiblemente diferente a todas las razas, y aunque de aspecto poco atractivo (hay quien le considera el perro más raro del mundo), tiene multitud de admiradores.

Características:

Se caracteriza por su cabeza bastante grande en relación con el cuerpo, pequeñas orejas caídas, pegadas a las mejillas, y un robusto cuello. Grueso y musculoso está completamente cubierto de un denso pelaje que puede presentar distintos colores.

Comportamiento:

A veces puede ser agresivo y gracias a esa cualidad se le puede emplear con eficacia para la caza del jabalí y para cuidar rebaños especialmente problemáticos.

Igualmente, hay quien le considera un buen adversario para las prohibidas peleas entre perros, o para concursos en los cuales haya que demostrar suma fortaleza, como es el arrastre de objetos pesados.

Peculiaridades:

Si busca un perro raro, este es el adecuado. En casa es alegre, de fuerte carácter, cariñoso, atento, aunque reservado con los extraños. Requiere un control sobre su salud, especialmente en los ojos y los párpados.

Shetland sheepdog

Historia:

Este perro, popular en Gran Bretaña y Norteamérica, parece tener su origen en el cruce del Collie con el Yakkin, pequeño perro islandés, conocido habitualmente como pastor escocés Shetland, no fue definida su raza hasta el año 1.700 cuando llegó y se crió en la ciudad que dio origen a su nombre.

Características:

De tamaño bastante inferior, es en su apariencia muy similar al Collie de pelo largo, con cabeza en forma de cono, trufa negra, ojos almendrados y orejas semierguidas, con la punta caída hacia delante. Posee un pelo abundante de tacto áspero, aunque con subpelo suave. Su cola en reposo llega hasta el corvejón, y su pelo lo podemos encontrar de color rubio, azul, negro, blanco y mixto.

Comportamiento:

De carácter muy vivo, conserva muchos de sus instintos de guarda y pastoreo, siendo capaz de guiar incluso a los grandes bovinos, aunque rara vez se le utiliza como perro pastor. Generalmente se le mantiene como perro de compañía, aunque también es muy útil en la guarda de la casa.

Peculiaridades:

Inteligente, fuerte, ágil y obediente, es un perro fácil de educar a quien le gusta estar siempre activo. Fiel a su amo, a quien no abandona nunca, no le gustan los extraños ni las personas ruidosas y estrictas. Hay que cepillarle al menos una vez a la semana con mucho cuidado.

Shiba

Historia:
Esta es la más pequeña de las razas autóctonas japonesas, probablemente familiar del Chow-Chow y el Kyushu, actualmente popular también en Australia, Europa y Norteamérica. Se considera una de las razas más antiguas del mundo, encontrándose datos en Japón desde hace 2.000 años, aunque anteriormente hay referencias de su desarrollo en China.

Características:
Tiene el hocico puntiagudo, frente ancha y trufa oscura; ojos pequeños y orejas triangulares perfectamente erguidas. De constitución robusta, su cuerpo termina en una gruesa cola en forma de hoz, cubierta, como el resto, con un manto de pelo denso y duro. Con su caña nasal recta, sus ojos pardo oscuros y el cuello robusto, es un animal que presenta un aspecto muy sólido.

Comportamiento:
Rara vez ladra, y en lugar de eso, chilla extraordinariamente. Su carácter le hace adecuado para la caza menor y la guarda de las casas, aunque en la mayoría de los casos su función se reduce a perro de compañía, donde se comporta como un animal afectuoso y fácil de adiestrar.

Peculiaridades:
Aún se conservan figuras con su esfinge que tienen más de 4000 años en las cuales se le puede ver cazando ciervos. Esta

aptitud la emplea ahora para la caza del oso y del jabalí, y en ocasiones para atrapar pájaros. Muy inquieto y cariñoso, se le considera un perro inteligente, robusto y que se adapta bien al hogar y a los cambios climáticos.

Shih tzû

Historia:

Descendiente del Lhasa Apso, tiene su origen en China donde, durante siglos, fue criado por los monjes budistas, siendo, además, uno de los favoritos en la Corte Imperial. Conocido más vulgarmente como perro león, hay quien considera que en realidad es un cruce entre un Pekinés y el Lhasa Apso, lo que puede ser factible.

Características:

Con cabeza redonda, hocico cuadrado y corto con trufa negra, sus ojos oscuros, grandes y redondos, están muy separados y son algo saltones. Tiene orejas largas y caídas y una espesa cola enroscada. Su pelo es largo y abundante y, curiosamente, en la zona de la nariz le crece hacia arriba, cubriendo parte de la cabeza.

Comportamiento:

Cariñoso y juguetón, es un adorable perro de compañía. También puede ser igualmente adecuado como perro guardián gracias a su carácter valiente, o también nos servirá perfectamente como buen ejemplar en concursos y exhibiciones.

Peculiaridades:

Es casi un perro sagrado al estar ligado a la religión budista. Conocido también por su cabeza de león y por moverse como los peces de colores. Posee un pelaje que requiere muchos cuidados. Su poco peso y tamaño, además de su espléndida cabeza redonda, le proporcionan un aspecto simpático y lleno de encanto especialmente para los niños. Aunque parece un perro de salón lo cierto es que se adapta perfectamente a todo tipo de trabajo.

Silky terrier

Historia:
Creado a principios de nuestro siglo, surge en Australia del cruce entre Yorkshire, Silky Terrier, o Cairn Terrier. Ha tenido mucho éxito en Estados Unidos y Canadá, pero también se pueden ver ejemplares dispersos por Europa. Su clasificación se estableció de una manera definitiva en 1.962, matizándose aún más en 1.967.

Características:
Su fino pelaje, de gran belleza, es de color blanco azulado en el manto y fuego en las patas, mientras que en la cabeza se mezclan ambas tonalidades. Su cuerpo compacto, finamente musculado, es alargado, con extremidades cortas y pequeños pies y una cola amputada a la mitad de su largura. La cabeza guarda las características de la mayoría de los Terrier, ligeramente ancha entre las orejas y hocico estrecho, pero no demasiado largo. La trufa es negra, los ojos marrones oscuros y redondos parcialmente tapados por mechones de pelo. Las orejas, triangulares y puntiagudas, están erguidas.

Comportamiento:
Su carácter inquieto, valiente y simpático hacen de él un alegre compañero.

Solamente es utilizado como animal de compañía, aunque sus cualidades como cazador no son despreciables. Sumamente inteligente en el aprendizaje es un perro muy curioso, sociable y que no se echa atrás en las confrontaciones con otros perros.

Peculiaridades:

Reconocido injustamente como perro faldero es un hábil caza ratones que soporta perfectamente la vida hogareña. Necesita dar largos paseos diarios y hacer ejercicio, aunque simplemente con los juegos puede ser suficiente. Los cachorros nacen con un precioso color negro que requiere cierto cuidado para que mantengan su belleza.

Skye terrier

Historia:

Surge en el siglo XVII en la isla Hébrida de Escocia como resultado del cruce entre Terriers escoceses y perros malteses. Esta raza evolucionó a partir de perros muy pequeños que se empleaban para cazar animales como tejones, zorros y nutrias. Existen también otros datos que le mencionan como originario de la isla de Skye, de la cual tomó su nombre, y por otro lado hay quien asegura que es simplemente un Terrier de Cairn.

Características:

Su cuerpo es cuatro veces su altura y las extremidades son por lo tanto muy cortas. La cabeza es larga, con trufa negra y mandíbula poderosa.

Las orejas puntiagudas pueden estar erguidas o caídas, siempre cubiertas de pelo largo. Sus ojos, marrón oscuro, se ocultan tras un mechón de pelo. La cola de tamaño mediano está siempre colgante y recta. Su pelaje es duro, liso y abundante, más corto en la cara.

Comportamiento:

Aunque de forma inesperada pueda llegar a morder es un perro afectuoso y fiel. En sus orígenes fue empleado para la caza menor y de madriguera, pero hoy es esencialmente un simpático perro de compañía que sin embargo se muestra receloso con los extraños. Su potente mandíbula y sus cortas patas, no obstante, le hacen ser muy apto para entrar en lugares muy pequeños en busca de presas.

Peculiaridades:
Genéticamente muy depredador, es ahora un perro de compañía de difícil carácter, terco, aunque leal con su amor. De fuerte y complicada personalidad, no es adecuado para casas con niños y hay que respetar su tendencia al individualismo. Dotado de una gran belleza natural se le puede ver con frecuencia en los concursos para perros.

Soft-coated wheaten terrier

Historia:
Nacido en el condado de Kerry, Irlanda, tuvo que aparentar ser simplemente un animal de compañía, puesto que una antigua ley que prohibía a los campesinos irlandeses tener perros de caza. Su aspecto pastoril le emparenta con el Irisk Terrier, siendo el representante más joven de esta raza. Su clasificación se estableció definitivamente en 1.933.

Características:
No demasiado alto, es un perro fuerte y atlético, destacando la musculatura de sus patas traseras. La cola amputada la lleva alta. La cabeza es grande y ancha con hocico no muy largo terminado en trufa negra. Toda la cara está cubierta de un abundante pelo largo que tapa parcialmente sus ojos castaños. Las orejas, de pelo corto y azulado, caen hacia delante en forma de "v". La mandíbula está provista de grandes dientes, aptos para la caza. Todo el pelo que cubre cara y cuerpo es muy suave y largo, dibujando rizos de mechones ondulados.

Comportamiento:

Es muy popular en Canadá y Estados Unidos. Es un perro polifacético, útil tanto para la caza, la vigilancia o defensa, el pastoreo y fiel animal de compañía. Los irlandeses por el contrario le emplean preferentemente como pequeño animal guardián para sus jardines, adaptándose perfectamente a vivir a la intemperie.

Peculiaridades:
Para conseguir su apariencia tradicional hay que mantener su pelo ondulado y suave. Es necesario tenerle alejado de otros perros, salvo que esté muy bien educado. Su nombre traducido como "vestido suave de grano", nos define perfectamente su pelo suave y abundante profusamente ondulado y de color trigueño.

Spinone italiano

Historia:
Sus antecesores fueron los Sabuesos de pelo duro y él es, a su vez, el origen de los Grifones Franceses. Fue seleccionado por primera vez en 1.600 en Piemonte, Italia, desde donde fue llevado a Francia dando lugar al Grifón Francés, aunque se han encontrado datos que le clasificaban ya en el año 1.400.

Características:
La estructura corporal es fuerte, con osamenta robusta y músculos muy desarrollados. Tiene el pecho profundo. Las extremidades están bien formadas, las delanteras son rectas con tendones posteriores marcados, y las traseras, ligeramente arqueadas por detrás, tienen muslos musculosos. La cabeza es amplia, con cráneo suavemente curvado; hocico potente con stop discreto; mandíbulas fuertes y coincidentes, ojos de color amarillo o ámbar, de mirada atrevida. El hocico varía de color según el manto y puede ser rosáceo o marrón oscuro. Sus orejas implantadas bajas y traseras cuelgan cubiertas de un suave pelo

corto. El cuello, al igual que el resto del cuerpo, es robusto y musculoso. El pelaje lo lleva adherido al cuerpo, lo que le proporciona un aislamiento perfecto y resistencia al agua, su tacto es tosco y duro, más largo en el hocico, el pecho, parte posterior de las patas, las orejas y las cejas.

Comportamiento:

Desde su popularidad en el año 1700 ha sido muy reconocido como perro de caza. Es atrevido pero obediente, de fácil adaptación a la vida en la ciudad y familiar con los niños. Sabemos que en la antigüedad era un perro muy empleado por la nobleza para la caza, especialmente por ser robusto e incansable de un olfato extraordinario y capaz de permanecer inmóvil para no alertar a su presa.

Peculiaridades:

Se adapta perfectamente a lugares de agua, pantanos y ríos. También soporta sin problemas carencias alimentarias durante los periodos de caza, y no se le conocen datos sobre agresiones a las personas teniendo fama de sociable y afectuoso.

Spitz

Historia:

La primera referencia es de finales del siglo XVI y principios del XVII. La teoría más aceptada es la llegada de perros con características similares a Europa traídos por los vikingos. Aunque Alemania es su país de origen, su número en esta población ha disminuido considerablemente. Hoy se encuentran ejemplares de esta raza por toda Europa.

Características:

Su cuerpo está perfectamente estructurado y debido al largo pelo que tiene aparenta tener las extremidades cortas, pero están bien proporcionadas, siendo fuertes y musculosas, terminadas en pequeños pies con dedos cubiertos por pelo que le preserva del frío. La cola, que en forma de anillo descansa sobre el dorso, tiene un pelaje largo y abundante. El cráneo de todos los Spitz es cuneiforme, con un stop bien pronunciado, el hocico estrecho y no demasiado largo. Las orejas, pequeñas, están erguidas y próximas entre sí. Los ojos ligeramente almendrados son de color oscuro y la mirada es dulce e inteligente. El pelaje es largo y duro, más corto en la cabeza, y áspero y abundante en el pecho y cuello; precisa continuos cuidados.

El Spitz puede ser de tres tamaños: grande, mediano y pequeño, y en todas las características son iguales pudiendo variar en el color de los mayores que siempre es blanco, marrón o negro. Igualmente, los colores pueden ser muy variados en los otros tamaños.

Comportamiento:
El Spitz se ha utilizado sobre todo como animal de compañía o defensa, pero por su carácter independiente requiere un adiestramiento muy riguroso.

Peculiaridades:
Muy parecidos a la raza Pomerania, los Spitz han ganado adeptos desde los años 60, especialmente por su robustez que les hace capaces de enfrentarse a perros mucho mayores.

Son adecuados para concursos y exposiciones puesto que su gran pelaje e inteligencia permite a sus dueños mostrarles con facilidad.

El Spitz mediano posee un pelaje largo y áspero y pies pequeños, mientras que el Spitz pequeño posee un fuerte pelaje que le protege del mal tiempo.

También existen el Spitz finlandés, descendiente del Laika ruso, así como el Spitz japonés, del cual se conocen cuatro variedades.

Staffordshire bull terrier

Historia:
Fue desarrollado en el siglo pasado en Staffordshire, Reino Unido, cruzando ejemplares de Bulldog y distintos tipos de Terriers. Aunque ha estado olvidado durante muchos años en Europa, actualmente existen espectaculares ejemplares en los Estados Unidos.

Características:
Su cuerpo robusto está dotado de gran movilidad y las extremidades, bien separadas entre sí, tienen una fuerte osamenta. El cuerpo es recto, con un profundo pecho y un cuello corto y musculoso. La cola fina y larga permanece caída. Su cabeza es ancha y profunda, de stop muy marcado. Sus orejas semierguidas son triangulares. Los ojos oscuros y ovalados nos muestran una mirada afable e inteligente. Las mejillas tienen los músculos muy marcados y su mandíbula posee unos incisivos inferiores y superiores muy bien encajados. El pelaje es muy corto, suave y liso.

Comportamiento:

Se utilizó en los combates de perro y en las cacerías de ratas organizadas. Hoy se le valora como perro de compañía, fiel hasta dar su vida, obediente, inteligente y juguetón con los niños.

Peculiaridades:

Antiguo y eficaz perro de pelea, conserva sus cualidades de fortaleza, agilidad e instinto de lucha. De potente mandíbula, es un adversario temible para los demás perros y necesita una buena educación para controlar su fiereza. Con los niños es agradable y cariñoso, pero hay que acostumbrarle al trato social.

Teckel

Historia:

Vulgarmente conocido como perro "salchicha", el Teckel de pelo liso ha sido utilizado durante el último siglo como perro especialista en la caza en madriguera, aunque, sin embargo, su primera aparición se remonta 5000 años, pues varias imágenes de esta raza han aparecido en restos egipcios. La variedad actual se originó en Alemania.

Características:

Corto de extremidades, presenta una cabeza estrecha y alargada que se aguza hacia la nariz, con el cráneo un tanto convexo y los ojos ovalados; lateralmente le caen las redondeadas orejas. Escondida tras sus firmes labios, destaca una poderosa mandíbula con robustos caninos.

El cruce de Teckel con otras razas ha propiciado la aparición de nuevas variedades. Así, el Teckel enano de pelo largo parece provenir del cruce con un Spaniel, mientras que el Teckel enano de pelo duro desciende del cruce con algún Pinscher de pelo áspero. Aunque físicamente son casi idénticas, las nuevas razas tienen alguna diferencia respecto al Teckel original en cuanto a su carácter.

Comportamiento:

Descendiente del Sabueso, valiente, listo y cariñoso, este perro se ha utilizado en múltiples ocasiones para la caza, especialmente en madrigueras, y aún se prepara para esa actividad en algunos países. Sin embargo, cada vez sirve más como perro de compañía, siendo un excelente perro guardián, pues es un gran ladrador.

Peculiaridades:

Sus patas cortas posibilitan el rastreo por la vegetación y su lentitud al andar facilita el seguimiento de los cazadores. De gran olfato para rastrear sangre, es capaz de enfrentarse a animales más poderosos, aunque ahora hay quien lo prefiere solamente por ser alegre, juguetón y de mímica variada.

Terrier australiano

Historia:

Obtenido en este siglo en Australia es una mezcla entre Cairn Terrier, Norwich, Skye y Yorkshire. Fue reconocido oficialmente como raza en 1.933.

Características:

El cuerpo es largo en relación con sus cortas extremidades. Los pies son pequeños de cuyos dedos sobresalen uñas negras. Su cola está amputada a la mitad de su largura. La cabeza es ancha con hocico de tamaño medio, con la trufa negra y mandíbula muy desarrollada en forma de tijera. Sus orejas triangulares pueden estar erguidas o inclinadas hacia delante. Los ojos son pequeños y oscuros, tapados parcialmente por el pelo de las cejas. El pelaje es largo y duro, áspero al tacto.

Comportamiento:

Es un perro inteligente y vivaz, capaz para la defensa y la vigilancia. Buen compañero, se adapta perfectamente a la vida familiar, mostrando en todo momento una posición altanera, aunque graciosa. Con su baja estatura y sus orejas siempre erguidas buscando cualquier sonido, es un perro muy activo con el que podemos desempeña cualquier tipo de actividad.

Peculiaridades:

Su habilidad para capturar serpientes le hace ser un perro imprescindible en ciertos lugares. Todavía conserva su capacidad ancestral para la caza menor e incluso para controlar el ganado. Es de destacar que aunque tiene un color azul o gris plateado, sus cachorros nacen totalmente negros, cambiando de color a los 3 meses.

Terrier del Tíbet

Historia:

Originario del Tíbet, este perro ha sido antecedente de diversas razas tibetanas. Desde la antigüedad, era apreciado como objeto de tributo pues se consideraba que daba buena suerte. Se cree que pertenece a una antigua raza que ha dado origen a todas las demás razas tibetanas, incluidas el Tibetan Spaniel, el Shih-Tzû y el Lhassa Apso.

Características:

Su cabeza es mediana y bastante estrecha. A pesar de su cuerpo, compacto y fuerte, no es un Terrier propiamente dicho, pues nunca se le ha empleado para la caza en madrigueras. Tiene un stop marcado, ojos grandes y oscuros y orejas caídas. Un manto de pelo muy abundante le cubre todo el cuerpo, especialmente la cabeza, cubriendo sus ojos. Se asemeja sensiblemente a un Bobtail en miniatura, aunque su cabeza plagada de pelos espesos, le aportan una gran diferencia.

Comportamiento:

Vivaz y cariñoso, se muestra tímido con los extraños. Durante siglos fue utilizado como perro de compañía por los monjes tibetanos, pero es también un buen perro guardián y cazador de ratas.

Peculiaridades:

Todavía sigue siendo utilizado como auxiliar en el pastoreo en tierras del Tíbet. Vigoroso y de cuerpo equilibrado, muestra gran avidez por introducirse en lugares angostos en busca de sus presas. Dotado de una inteligencia extraordinaria es capaz de aprender los juegos y habilidades más complejas.

Tervueren

Historia:

Se trata de una variedad de Groenendael seleccionada en 1891 por la escuela veterinaria belga; de hecho ambas razas son similares en características y comportamiento. Estuvo a punto de extinguirse durante la II Guerra Mundial y eso que era una raza perfectamente clasificada. Hay quien le considera el origen del Groenendael.

Características:

Es el más robusto y resistente de los pastores belgas, con ojos oblicuos y rígidas orejas triangulares. Posee un manto lacio que le cubre todo el cuerpo, aunque el pelo de la cara es mucho más corto que en el resto. De fuerte dentadura en forma de tijera y un cuerpo potente pero no demasiado pesado, se le considera en conjunto un perro muy resistente.

Comportamiento:

Se caracteriza por una increíble memoria y gran capacidad de aprendizaje, por lo que es a menudo utilizado como perro guía y perro policía, especialmente en las aduanas, como detector de estupefacientes. Por este motivo es empleado con frecuencia para cruzarle con otras razas afines.

Peculiaridades:

Denominado también Tervurense o Perro pastor Tervueren, es de pelo largo rojo pardusco o gris con las puntas de los pelos en negro. Por su fuerte tendencia a engordar es conveniente darle una gran cantidad de verduras que controlen su apetito desmesurado. Parece ser que es un animal que se adapta mejor a ser cuidado por mujeres.

Tibetan spaniel

Historia:

Aunque tiene similitud con otras razas del Tíbet, se desconoce a ciencia cierta si procede de China, siendo considerado por algunos como antecedente del Chin. Hay quien considera, no obstante, que es el resultado de algún cruce con el Pekinés o el Spaniel japonés.

Características:

De tamaño mediano, posee un hocico fuerte rematado con una trufa negra; ojos marrones y orejas caídas, implantadas altas en la cabeza. Termina su cuerpo en una cola abundantemente empenachada que se curva sobre el dorso, cubierto también de un pelo abundante y sedoso. Con su cráneo potente en forma de cúpula y sus ojos de color marrón, consigue tener una mirada intensa y hasta cierto punto poderosa.

Comportamiento:

Vivaz y amistoso, está atento a cualquier ruido y se muestra agresivo con los extraños. Es un buen perro guardián y un excelente compañero. No obstante, esto no debe hacer pensar que es un perro apto para estar encerrado en un piso, puesto que su lugar ideal es el campo.

Peculiaridades:

Perteneciente a los perros león, aunque se diferencia de los demás en su procedencia rural, también formaba parte de la comunidad religiosa budista. Con su pelo abundante y aplastado de colores tan diversos como el rubio, negro, blanco, marrón y crema, es un perro que goza de un gran atractivo, salvo cuando muestra sus afilados caninos.

Weimaraner

Historia:

Hay varias teorías sobre su origen: se cree que son descendientes de antiguos Bracos alemanes, o de los desaparecidos Leithund, pero otros opinan que son una raza evolucionada del Sabueso Alemán Braken.

También hay datos que afirman que en realidad es una evolución mediante el cruce de Sabuesos con Pointers y algunos perros de caza.

Características:

Su porte es de gran belleza, de músculos bien marcados y definidos, extremidades delanteras rectas y fuertes, y traseras con cuartos muy musculados. El pecho es profundo, provisto de costillas arqueadas que albergan pulmones resistentes. La cabeza es robusta, ancha e imponente, con stop poco pronunciado, hocico alargado y potente. Los ojos, de colores muy variados como el marrón, el ámbar e incluso gris, azul y verde, tienen una mirada atenta y vivaz. Las orejas implantadas altas cuelgan a ambos lados de la cara. La cola está amputada y se mantiene con tendencia baja. El pelaje es muy corto, denso, liso y de aspecto limpio, pero hay una variedad menos numerosa de pelo largo.

Comportamiento:
Se utilizó sobre todo para la caza, siendo válido para cobrar o rastrear. Es una raza que necesita de espacios amplios, aunque se adapta bien a la vida familiar. Gracias a su gran inteligencia y agilidad es utilizado frecuentemente como perro policía, características que van unidas a su buen olfato, resistencia y entusiasmo por trabajar.

Peculiaridades:
Elegante y muy popular, tiene un gran olfato y su agresividad contenida le hace apto para la defensa. Necesita mucho movimiento. El Weimaraner de pelo largo tiene la cola amputada y abundante pelo en las orejas. En la actualidad es frecuente encontrarle como mascota habitual en la Casa Blanca, desde que fue llevado por primera vez por el presidente Eisenhower y Roosevelt.

Welsh corgi Cardigan

Historia:
Original de Gran Bretaña, se piensa que fue llevado allí por los Celtas hace 3000 años. Ya en el siglo XIX fue cruzado con el Welsh Corgi Pembroke, lo cual redujo las diferencias entre ambas razas. Denominado también como Corgi Galés probablemente sus orígenes son similares al Dachshund alemán. Su estándar fue definitivamente establecido en 1.934, después de haber sido cruzado por distintos criadores.

Características:
Su cabeza y expresión son similares a los de un zorro, con cráneo ancho y plano y ojos almendrados, ligeramente oblicuos. Presenta un cuello un poco arqueado y un cuerpo algo más grande que el del Pembroke, además de una larga cola. Su pelo es corto y duro, y lo podemos encontrar de diferentes

colores como el rojo, rubio y negro, lo mismo que con manchas blancas en las patas, cuello y pecho.

Comportamiento:

De carácter vivo y adiestrable, el Corgi fue utilizado para la guía y cuidado del ganado ovino y bovino. Se le conoce como "mordedor de talones" pues de este modo conducía las reses. A pesar de su baja estatura, gracias a los movimientos rápidos que le permiten sus cortas extremidades, es un adecuado perro de rebaños.

Propiedades:

De fuerte ladrido y un gran temperamento que no corresponde a su tamaño, es obediente y eficaz con sus amos. Fue la mascota favorita de la reina Isabel II. De aspecto similar a un zorro, especialmente las hembras, es un agradable y simpático perro de compañía que parece realizar bromas con sus amos.

Welsh corgi Pembroke

Historia:

Aunque su origen no es del todo claro, hay documentos que indican su presencia en el Reino Unido ya en el siglo X. Está sumamente unida su clasificación y definición al Corgi Galés, por lo que es habitual las confusiones entre uno y otro perro.

Características:

Al igual que el Cardigan, tiene una cabeza parecida a la del zorro, con ancho cráneo y ojos un tanto oblicuos. Sus orejas erguidas son de tamaño mediano y redondeadas en las puntas. Su cuerpo es notablemente más corto que el del Cardigan y, a diferencia de éste, el Pembroke carece de cola. Está cubierto de un manto de pelo de mediana longitud.

Comportamiento:
Inteligente y juguetón el Corgi se utilizó durante siglos para la guarda de rebaños. En la actualidad es un gracioso perro de compañía que, gracias a la constancia de los criadores, ha reducido su tendencia a morder. Su parecido con los zorros sigue produciendo cierto rechazo hacia esta raza por parte de personas miedosas, aunque en su comportamiento indica que es solamente un perro afable.

Peculiaridades:
Confundido a veces con el Cardigan Pembroke, se trata de un perro muy adecuado para estar entre vacas o toros, a quienes controlan perfectamente. Incansables en el trabajo, fuertes y orgullosos, no admiten la competencia de otros perros en la familia. Poco agresivo con los humanos, es muy amable con los niños.

Welsh springer spaniel

Historia:
Surge en Gran Bretaña del cruce entre distintos Spaniels, y su primera representación data del siglo XVII.

Características:
Su estructura corporal, incluido el cuello, es de musculatura fuerte y compacta. La cabeza, ligeramente curva, tiene un hocico cuadrado y largo, con mandíbulas potentes y stop marcado. Sus ojos son marrones oscuros, suavemente ovalados. Las orejas, de tamaño medio, están caídas junto a las mejillas. El pelaje que cubre todo el cuerpo tiene un tacto sedoso, liso, muy abundante, más largo en el pecho, parte posterior de las patas e inferior del torso. La cola, de largura media, permanece baja.

Comportamiento:

Su gran resistencia le ha proporcionado utilidades muy diversas, perro pastor de ovejas o vacas, perro cazador y cobrador, y cómo no, buen animal de compañía. Es independiente, pero adaptable al adiestramiento, de buen humor y simpatía.

Peculiaridades:

Amistoso y atento, es un buen perro de caza que encuentra sin problemas presas ocultas, incluso en terrenos muy difíciles. Adecuado para trabajar a la intemperie, soporta muy bien el sol intenso lo mismo que el agua helada, y es capaz de trabajar largamente sin mostrar cansancio. Su defecto es que no obedece fielmente las órdenes y suele alejarse con frecuencia del lugar de trabajo, por lo que necesita un entrenamiento adecuado que se debe efectuar desde muy temprana edad.

West Highland white terrier

Historia:

A mediados del siglo pasado, en un criadero de Cairn Terrier, en Gran Bretaña, aparecieron cachorros completamente blancos. Un cruce selectivo de estos ejemplares albinos produjo esta nueva raza que en realidad no es más que un Cairn Terrier Blanco.

Características:

Es un pequeño y robusto Terrier, de tórax profundo y musculosas extremidades, con la cabeza cubierta de pelo, cráneo ligeramente convexo y ojos hundidos, bastante separados. Sus pequeñas orejas son puntiagudas y erguidas. El manto está formado por un pelo liso completamente blanco. Sus mandíbulas cortas pero poderosas, están cerradas en tijera mostrando junto con sus ojos profundos, un aspecto penetrante.

Comportamiento:

De carácter animado, le gusta hacer ejercicio a menudo. Fue utilizado en principio para la caza en madriguera, pero es cada vez más buscado como perro de compañía, siendo una de las mejores razas para el hábitat urbano. Aunque pequeño, gracias a sus extremidades musculosas y su tórax profundo, es capaz de realizar con eficacia trabajos de caza menor. Se adapta perfectamente a la vida en apartamentos pequeños, e incluso a permanecer la mayor parte del tiempo en una pequeña terraza o jardín.

Peculiaridades:
Este perro sobrevive gracias a Major Malcolm, quien quiso demostrar sus grandes virtudes y lo enfrentó al zorro y el gato montés con gran éxito. Por ello se puso de moda en Europa, no para la caza sino para participar en los juegos hogareños y la vigilancia. Su áspero pelo debe ser cuidado y cortado con frecuencia.

Whippet

Historia:
Surge a finales del siglo XIX en Inglaterra, producto del cruce del Greyhound y del Terrier, siendo empleado preferentemente como perro de carreras similar a un galgo pequeño. Su nombre, de origen inglés, quiere decir "moverse rápidamente".

Características:
Todo su cuerpo está cubierto por un fina piel de un pelaje corto de fácil cuidado. Sus músculos son fuertes y alargados, y su pecho profundo facilita su resistencia. La cabeza es fina y alargada de rasgos perfilados. Posee unos vivos ojos ovalados de color castaño y orejas pequeñas en forma de rosa. Su cola es fina y larga casi siempre situada entre las piernas. Se le puede encontrar frecuentemente de color negro, rojo, rubio, blanco, azul e incluso con varios de éstos mezclados.

Comportamiento:

Su utilización hoy, al igual que entonces, está centrada en los canódromos, en carreras de corta distancia, pudiendo alcanzar hasta los 60 km./h. Pero por su carácter amistoso e inteligente es un excelente animal de compañía y notable guardián.

Peculiaridades:

Su genética le impulsa a correr y es por eso un serio competidor para los galgos. Afectuoso con los humanos, no requiere muchos cuidados y se muestra tranquilo, alegre y muy juguetón. Animal sumamente longevo. es capaz de vivir sin enfermedades manteniéndose muy delgado a base de una dieta muy escueta.

Yorkshire terrier

Historia:

Se sabe que esta raza fue creada a principios del siglo pasado por los mineros de Yorkshire para que les acompañaran en sus trabajos en las galerías de las minas y les defendieran ante las plagas de ratas que allí habitaban. Hoy se ha convertido en la estrella de los perros de compañía de más reducido tamaño, sobre todo en Europa y Estados Unidos.

Características:

La estructura corporal, bien proporcionada y flexible, le dota de gran movilidad. La cabeza es pequeña con un hocico corto y trufa negra bien visible, los ojos grandes, oscuros y llenos de vida. Sus orejas, erguidas o semierguidas, en forma de "v" tienen el pelo cortado. Su pelaje es muy largo, totalmente liso, más oscuro en la raíz que en las puntas, siendo necesario sujetarles con una cinta el pelo que cubre los ojos para mejorar su visibilidad. La cola está amputada hacia la mitad en posición casi siempre alta.

Comportamiento:

El Yorkshire parece no ser consciente de las limitaciones de su tamaño, se mueve incansablemente y es capaz de enfrentarse a perros más poderosos. Buen vigilante y mejor compañero, se adapta perfectamente a la vida en la ciudad.

Peculiaridades:

Su origen es un cruce entre Clydesdale terrier y con la variación azul del Terrier negro. Suele ser un líder en las exposiciones, aunque para llegar a ello requiere grandes cuidados, entre ellos mantenerles encerrados en jaulas, impidiéndoles jugar y revolcarse por los campos.

Alegre, e inteligente, se adapta con facilidad a sus nuevos amos y es muy cariñoso.

Anexo razas

TERRANOVA

Historia:

Se consideran procedentes del nordeste del Canadá, aunque posiblemente hayan llegado allí desde Europa, cruzándose luego con algún Mastín. Pronto fueron empleados como eficaz ayuda para tirar de las redes de pesca, pues su gran tamaño los equiparaba con otros animales de carga.

Características:

Grande, imponente y de aspecto que se asemeja a un pequeño oso, posee un pelaje liso y espeso, aunque muy áspero, de un color negro apagado. Con un cráneo ancho y macizo, que continúa con un morro corto y cuadrado, y de orejas pequeñas y apretadas, está dotado de un fuerte y ancho cuello.

Sus cuartos traseros son fuertes, con pies grandes, poderosos y de membranas interdigitales, mientras que las patas anteriores son rectas con penachos detrás.

Comportamiento:

De adulto es muy afectuoso, dócil, manso y leal, aunque eficaz como guarda de su hogar. Se emplea habitualmente para el salvamento en zonas marinas, pues se tira al agua con valentía, sabe nadar perfectamente y resiste bien las bajas temperaturas. Su instinto para sacar cosas y personas del agua le hacen ser un maravilloso compañero de los equipos de salvamento, sin que apenas necesite instrucción para ello. Solamente hay que enseñarle a que distinga a una persona de un objeto, esencialmente para que sepa dónde atraparlo.

Peculiaridades:

Su pelaje se comporta de manera similar al del oso y por ello está bien protegido contra las inclemencias del tiempo frío y la lluvia.

FOX TERRIER

Historia:

Aunque algunas razas de Terrier han desaparecido, como el Wirehaired Terrier, los que sobrevivieron contribuyeron a su perfeccionamiento, siendo inicialmente empleados para cazar ratones y pequeñas alimañas.

Desde mediados del siglo XIX aumentó su popularidad y fueron cruzados entonces para desarrollar distintos ejemplares con características muy diversas.

También tenemos datos de su presencia en la época de la dominación romana y durante los siglos XV y XVI.

Características:

Existen dos variedades, de pelo liso o de pelo duro, así como otras 31 razas reconocidas oficialmente, la mayoría precedentes del Reino Unido. La raza de fox-terrier suele tener una alzada estándar de 40 cm, con la cabeza ahusada, y la cola corta y levantada. El pelaje es blanco con manchas negras o marrones y puede ser largo o corto, según la variedad. Se trata de una de las razas más conocidas, empleadas antiguamente en la caza del zorro.

Comportamiento:

Su habilidad para la caza permanece intacta, pues es astuto y combativo, aunque marcadamente independiente. Es sagaz con los extraños y las presas, por lo que resulta muy difícil de engañar, pero en conjunto es alegre y vivaz. El Terrier de pelo duro posee una cara elegante por su perilla, siendo en conjunto muy musculoso. Le gusta jugar y puede ser difícil evitar que se pelee con otros perros.

El Terrier de pelo liso es muy valiente en la caza y aunque menos popular que su hermano de pelo duro, tiene igualmente buenas cualidades para el trabajo y el ejercicio.

Peculiaridades:

El Fox Terrier de pelo duro posee una doble capa, con la interna más suave. Necesita mucho cuidado para mantenerle limpio y su textura debe estar áspera y sin rizos.

Hay otros terriers de pequeño tamaño, como el Terrier australiano y el Terrier de Norwich, y otros mayores como el Terrier de Manchester y el Terrier irlandés. Unos son de pelaje corto y negro, como el Terrier de Manchester, y otros de pelaje largo y color gris azulado, como el Terrier de Skye.

GALGO ESPAÑOL

Historia:

Aunque su origen procede de antiguos perros faraónicos (Lebrel Egipcio), es en la Edad Media cuando se desarrolla la raza, justo cuando los campos sembrados y el pastoreo alcanzan cotas altísimas en toda España, dando lugar al crecimiento de la liebre en estos terrenos que son propicios para ella. Junto a estos campos hay también enormes superficies de terrenos baldíos y barbechos, lugar en donde se empiezan a establecer las primeras carreras de galgos, tanto en árabes como en cristianos

El galgo español se desarrolló perfectamente en las tierras de Castilla, rivalizando con el Sabueso, aunque el desafortunado cruce con el Greyhound dio lugar a un ejemplar mestizo que fue, no obstante, muy apreciado por la burguesía de entonces. Su reconocimiento oficial le llegó en 1911, gracias a la reina Victoria Eugenia, pues esta mujer gustaba de participar en las carreras con algunos de los mejores ejemplares de entonces.

Características:
Hay tres variedades: de pelo liso, de pelo largo (casi desaparecida) y de pelo duro, aunque solamente solemos ver ejemplares de la primera. Es de cabeza larga y estrecha, tórax amplio y vientre retraído, con stop suave, trufa pequeña, húmeda y pigmentada en negro; ojos pequeños, oblicuos y almendrados, habitualmente de color oscuro. Las orejas anchas en la base, triangulares, altas; el cuello largo, esbelto y flexible, muy estrecho en su unión con la cabeza. La escápula es más corta que el húmero, los brazos largos con los codos libres y cercanos al cuerpo, mientras que los pies son tipo liebre, con los dedos apretados y provistos de una membrana interdigital.

Comportamiento:
De carácter serio y retraído con los humanos, demuestra una gran energía en la caza, siendo especialmente hábil en la carrera rápida, pues posee un agudo sentido de la vista. La mirada es tranquila, dulce y reservada, aunque cambia totalmente durante el galope, su marcha típica.

Posee igualmente un buen comportamiento para guardar rebaños y su porte aristocrático le permite ser igualmente un elemento importante y vistoso en las competiciones.

Peculiaridades:

Se adapta perfectamente a la geografía ibérica, a los campos áridos, y al clima cambiante, mejorando sus cualidades con las sucesivas generaciones. Ahora sabe hacer frente a otros animales y le afectan menos el roce con rocas y zarzas, aunque la casi desaparición de las populares carreras ha producido una falta de interés hacia este animal.

Las orejas, durante la atención, quedan semierguidas con las puntas dobladas hacia los laterales, mientras que durante el reposo se mantienen adosadas contra el cráneo en forma de rosa.

MASTIN DEL PIRINEO

Historia:

Tiene el nombre de varias razas de gran tamaño empleadas como guardianes, entre ellas el Mastín napolitano y el Mastín español. De similar procedencia que el Perro de montaña de los Pirineos, llegó a España procedente de tierras mediterráneas, posiblemente de Italia.

Características:

La cabeza es grande, fuerte, con líneas con tendencia al paralelismo. La cara mantiene un perfil recto, aunque discretamente triangular, disminuyendo paulatinamente hacia la trufa, ésta de color negro, húmeda, grande y ancha. De ojos pequeños, almendrados, de color avellana, poseen una mirada atenta, noble, simpática e inteligente, agudizada por sus párpados negros, el inferior ligeramente caído.

El tronco es rectangular, robusto, y la cola con nacimiento grueso e inserción media, poblada y flexible. El pelo es tupido, grueso y moderadamente largo, con la capa blanca y máscara bien definida. Puede tener ocasionalmente manchas del mismo color repartidas de forma irregular.

Comportamiento:

Correcto en el andar, con aplomo, posee una gran elegancia al andar, aunque su marcha preferida es el trote, armónico, potente y sin tendencia a la lateralidad. Algunos ejemplares se muestran muy tímidos, posiblemente a causa de la debilidad en sus pies, pues con frecuencia no corresponden a la gran robustez de sus patas.

De carácter afable puede, no obstante, ser agresivo con otros perros, aunque no se conocen datos de mal comportamiento con las personas. Ágil al andar y con poco apetito, suele conservar un aspecto poderoso con pocos cuidados.

Peculiaridades:

No existe un límite máximo en la talla, aunque se prefieren los ejemplares con unas medidas entre 77 y 81 cm para los machos y 72 y 75 cm para las hembras. La cola se enrosca en su final cuando el animal está en movimiento, aunque nunca se dobla totalmente, ni descansa sobre la grupa. Se perciben perfectamente los músculos en sus miembros inferiores, así como los tendones, y posee pies de gato con dedos apretados, con la membrana interdigital provista de pelo.

SETTER GORDON

Historia:
El Setter Gordon desciende de los llamados perros de aguas y se cree que a comienzos del siglo XIX el duque de Richmond y Gordon, en Banffshire (Escocia), engendró un nuevo tipo de Setter empleando perros de aguas morenos. En 1859, todas las castas de Setter compitieron juntas en un mismo grupo en las exhibiciones y en 1862, el Setter Gordon fue reconocido como casta por el club de perros británico, siendo muy popular en los años 1880 gracias al Sr. Chapman. Se considera que estos perros son la base de la cría para el Setter Gordon de hoy.

Características:
El Setter Gordon es de color negro con marcas canelas, orejas finas y más largas que las del Setter inglés. En conjunto se trata de una raza apta para la caza, robustos, de buen olfato y belleza. Su talla oscila entre los 56 a los 66 cm, mientras que su peso es entre 24 y 30 kilos. Lo podemos encontrar de pelo liso, muy sedoso y algo ondulado, siendo su color negro o fuego.
Pose stop definido, pelo sedoso y brillante, morro largo y patas anteriores bien empenachadas.

Comportamiento:
De pequeño tarda mucho en madurar, por lo que no es el mejor momento para educarlo, a no ser que se haga con precisión y maestría. Los defectos ocasionados por una incorrecta educación en esa época no se pueden corregir con posterioridad y aparecerán trastornos en la coordinación.

Su aspecto habitualmente negro y su porte nunca exagerado, le convierten en un perro apto para la caza, pues localiza su presa sin apenas movimiento, peculiaridad que le permite igualmente ser un buen ejemplar para exposiciones. Es obediente y leal.

Peculiaridades:
El Setter Gordon a veces se llama Setter escocés, Setter Negro, o Setter color canela. Se considera menos elegante que el Setter Irlandés, pues es más rústico, pero como contrapartida es mejor guardián, más obediente y buen corredor de fondo. Sus características pudieran ser la consecuencia de haberse obtenido mediante los cruces de Setter negro, Collie, Setter Irlandés, Gran Spaniel y San Humberto.

El cuidado de los

GATOS

EDICIONES
MASTERS

El cuidado de los
PÁJAROS

EDICIONES
MASTERS

El cuidado del
ACUARIO

EDICIONES
MASTERS

El cuidado del
CABALLO

EDICIONES
MASTERS

Animales
domésticos
Cuidados, enfermedades y características

 EDICIONES
MASTERS

www.ingramcontent.com/pod-product-compliance
Lightning Source LLC
Chambersburg PA
CBHW060506290526
45791CB00001B/287